英語を850語で
使えるようにしよう

～ベーシック・イングリッシュを活用して～

相沢佳子
Yoshiko Aizawa

文芸社

はじめに

　英語を上達したいと望んで勉強している日本人は多いのに、実際に使える英語力はなかなか身につかない。それに対応するような本も数え切れないほど目につくが、はたしてそれらを読んで本当に力がつくだろうか。

　本書はベーシック・イングリッシュ（以下ベーシックと略す）を利用して使える英語力をつけようという主旨である。英単語をいくらたくさん覚えても、実際に使えなければ役に立たない。ベーシックとはわずか850語、しかも動詞は16語と本当に必要な最低限の語で、日常一般的なことはほとんど何でもはっきり言えるという小英語体系である。暗記して覚える英語ではなく、理解して考えて生みだす英語である。

　850語を全部覚えて完全なベーシックを使わなくても、この本を読んでベーシックの原理、考え方や仕組みを理解して、その言い方に少しずつでもなじんで使ってみて欲しい。ベーシックは英語の根本的理念に基づいた英語の中核部分なので、これを学ぶことで、英語の感覚が鋭くなり、本当の意味で英語が分かるようになる。も

ちろん読んだり聞いたりの受信には、単語をたくさん知っている方がよいのは当然だが、話したり書いたりの発信にこれは大変有効である。

　たとえ物の名前、事柄を表す英語を知らなくても、ベーシックではその内容をくだいて、ごく基本的なやさしい語を組み合わせて何とか言える。これは大きな自信ともなる。例えば、犬小屋はkennelを知らなくてもdoghouseで十分だし、「生ぬるい」もlukewarmでなくてもnot very warmで、「抜き取る」のもextractを使わなくてもtake outでちゃんと分かってもらえる。

　6章では実際にベーシックを使う練習をしてみよう。またベーシックの考え、その仕組みをよく知るためにも、その考案の理論の背景について理解して欲しいので、それについては8章で扱う。

　私自身、何十年も前だが英語教師になった年にたまたまベーシックに巡り合った。以後英語教育、英語学の研究にたずさわりながらベーシックとずっとつき合い、実際に学んでいくうちにそのすばらしさ、魅力を実感するようになってきた。

　関連の本や論文も書いてきたが、ほとんど専門的なもので、今回一般向けにベーシックについて書くチャンスを与えられたことはうれしい。この本はある程度、あるいはかなり英語を勉強したのに、英語が上手に使えないという一般の方々を対象に、また専門の方、特に英語の

はじめに　5

先生方にベーシックの本当の姿を分かっていただけるように書いてある。ベーシックは英語習得に極めて有効なのに、一般には誤解も多く、その価値がほとんど知られていないのは残念である。このすばらしい宝物をごく限られた人だけでなく、多くの人に知ってもらいたい。

　このベーシックは、今から80年も前にイギリスのケンブリッジ大学の学者C.K.オグデンによって作られたミニ英語組織である。彼は言語学だけでなく、心理学、哲学など博識で、ベーシックには彼のあらゆる知恵が詰まっている。ベーシックをより理解するためにも、これを考案したオグデンとはどういう人物か知ってもらいたく、彼については7章で語る。オグデンは風変りでもあるが、とても魅力的な人物で、興味深く読んでもらえると思う。

　このオグデン自身すばらしい成果を残しているのに、今ではほとんど忘れられている。しかし現にOgden Archives(貴重書の保管所)が、イギリスを主にアメリカ、カナダなど10ヵ所ほどの大学図書館内にあって、莫大な資料が大切に保管されている。彼の文書、手紙、書籍、蔵書など、主にベーシック関連のものである。私もそのほとんどを何度か訪れて貴重な資料を閲覧させてもらった。この事実はやはりオグデンの業績、ベーシックがいかに価値あるものかを物語っているのではないか。

ベーシックは1930年の発表直後から海外にも紹介され、日本をはじめ世界30ヵ国ほどでその理論や方法を学ぶ人々が増え、普及活動も盛んに行われた。しかし第二次世界大戦後、種々の原因で廃れてきた。日本ではベーシック・イングリッシュ協会が存続し、数こそ少ないが熱心な会員が現在も研究を続けている。しかし近年、世界的には確かに忘れられかけていた。

　ところがインターネットの時代、今世紀初めにアメリカ人によってon lineで国際的なベーシックの研究、普及機関が立ち上げられた。ネットの力は大きく、ここではベーシック関連の企画が着々と進んでいる。これについては9章2で紹介する。

　一般の英語関係者の中にも、ベーシックのよさを指摘している人々もいる。蟹瀬誠一氏は『日本人だけが知らなかった英語上達法』(2007 中経出版)でベーシックを取り上げて、この850語を知らなくては損をすると明言し、この基礎単語を理解してそれらを自由に操ることの大切さを説いている。そしてこの素晴らしさがなかなか理解されないことを憂いている。*TIME*の元特派員で英語に詳しい彼の論には説得力がある。

　また私の書いた『850語に魅せられたC.K.オグデン』(2007 北星堂) についての書評 (『英語青年』2008年3月号) で、愛知教育大学教授の尾崎俊介氏は、「ベーシックは周到に考え抜かれた英語の小宇宙であり、日本人に

とっても善き英語学習法になり得る」、「問題はただ、英語学習法としても利点の多いこのミニマルな英語の体系の価値を正しく知る人が余りに少ないこと」と指摘している。

本書によって少しでも多くの人がこのすばらしい英語組織を知って英語力向上に利用して欲しい。

Nigel Henden氏にベーシックの英文をチェックしていただいた。出版に際しては文芸社の編集担当 吉澤茂氏に大変お世話になった。感謝申し上げる。

なお、本書の2、3、5章は『ベーシック・イングリッシュ再考』（1995リーベル出版。現在は絶版）と重なるところも多い。また7、8章は『850語に魅せられた天才C.K.オグデン』の当該の章から抜粋して短くまとめたものである。

目次

はじめに ……………………………………………………………3

第1章
日本人と英語 …………………………………………… 10
1 日本人はどうして英語が苦手か ………………… 10
2 苦手を克服するには ……………………………… 13

第2章
ベーシック・イングリッシュとは ………………… 19
1 850語の世界 ……………………………………… 19
2 英語の語彙 ………………………………………… 26
3 ベーシック・イングリッシュの語彙 …………… 32

第3章
「小さな巨人」ベーシック・イングリッシュのなぞ‥43
1 850語で表現が可能 ……………………………… 43
2 英語の基本動詞とは ……………………………… 62
3 ベーシック・イングリッシュの動詞 …………… 65
4 16語の動詞で表現が可能 ………………………… 83
5 方位詞（前置詞、副詞）の働き ………………… 109

第4章
ベーシック・イングリッシュ学習の利点 ………… 124
1 英語の核として、simple, clearな英語 ………… 124
2 語と文法、透明な文の型 ………………………… 130
3 「覚える英語」から「考える英語」へ
　〜コミュニケーションの方策として、多様表現 …… 135
4 普通英語で隠れた部分が明るみに ……………… 140

第5章
ベーシック・イングリッシュと英語教育 ……………… 145
　1　英語教育とのかかわり ……………………………… 145
　2　Graded Direct Method
　　（ベーシック・イングリッシュを使った教授法）……… 153

第6章
ベーシック・イングリッシュを使ってみよう ……… 165

第7章
ベーシック・イングリッシュの考案者C.K. Ogden (1889-1957) ……………………………………………… 187
　1　ケンブリッジ大学での活躍、ベーシック考案へ …… 187
　2　天才、博学家オグデン ……………………………… 191
　3　奇才、変わり者オグデン …………………………… 198

第8章
ベーシック・イングリッシュ誕生へ、その背景 …… 204
　1　普遍言語への夢 ……………………………………… 204
　2　言語改良の試み ……………………………………… 210
　3　「意味の意味」からベーシック・イングリッシュへ … 214

第9章
21世紀におけるベーシック・イングリッシュ ……… 222
　1　第二次大戦後今日まで ……………………………… 222
　2　ネット上のベーシック・イングリッシュ普及機関 … 225
　3　最近見られる簡易化英語 …………………………… 228

おわりに ……………………………………………………… 234

第1章
日本人と英語

1 日本人はどうして英語が苦手か

「はじめに」の最初にも書いたように、日本人は一般に英語が苦手である。少なくとも英語に自信を持てない人が多い。なぜ日本人は英語が苦手なのだろうか、その理由はいろいろ考えられる。

1) まず日本語と英語は、語順など文法的にもまた文化的背景なども違いがかなり大きい。全然違う系列の英語とは言語距離が大きくて、その点で習得はたしかに難しい。アメリカで外交官などに外国語習得の難易度を示した資料では、日本語は中国語、韓国語、アラビア語と並んで最も難しいグループに位置付けられている。

2) 近年、音声面で英語と日本語では周波数の領域がかなりずれていて、そのために英語は聞きとりにくいとの指摘がある。日本語は低周波言語で125〜1,500ヘルツ、それに対し英語は米語で1,000〜3,800、イギリス英語は2,500〜12,000ヘルツとのこと。特に低い周波数から高い方の音を聞き取って処理するのは困難という定説がある。

その他植民地になった経験がないなどいくつか理由はあるが、これらは致し方のないことである。だからといって手をこまぬいているわけにはいかない。韓国語は日本語に近く、1)の構造上、2)の周波数ともに、日本語と同じように英語とは非常に異なっている。それでも韓国の人たちの英語力は最近かなり高くなっている。学校での英語教育は日本よりずっと充実していて、学生も英語学習には非常に熱心のようだ。

3) 改善できる英語教育、学習上の問題があるはずである。ことばには単語、文法などの知識とリアルな経験として実際に使う両面がある。日本では従来英語教育でこの前者に重点が置かれてきた。もちろん単語も、文の基本的構造も知らなくてはならないが、それだけではペーパードライバーで、実際に運用するためには、自分で考えて英語の文を作らなくてはならない。文法を知識として知ることと、読解や発信にそれを生かして使うことは違う。近年「使える英語を」と唱えられ、教育方針もその方向に進んできたが、余り効果はでていないようだ。

4) 試験などの関係からか、英語教育では正しいか間違っているかが重視されがちだ。穴埋め、書き換え、○×式テストなどで細かい誤りをつい気にしてしまう。100%完璧な英語はネイティブでない日本人には無理で、

言いたいことがきちんと相手に伝われば十分だ。誤りも語順のように意味が変わってしまっては困るが、伝達の内容に影響しなければ些細なことは余り気にしなくてもよいと思う。間違っていないかと気にし過ぎて肝心の内容が言えないこともある。他の国の人々は自分たちの国語のなまりも強く、少々間違っても平気でしゃべるのは国民性の違いだろうか。

　それに英語だけの問題でなく、日本人は総体的に自分の意見を発表するのが苦手だ。私自身も留学中は討論形式の授業でそれを実感した。積極的な人々に圧倒されて発言の機会を逸するとか、自分の意見に発表する価値があるかと遠慮してしまったりする。英米人や他の国からの留学生は大して中身のない意見でも堂々と発言するのに。幼い時から学校でも討論形式に慣れて、自分の意見をはっきり発表する習性をつける必要があるだろう。

5) 翻訳文化の影響も大きな要因と思われる。現実に海外の本などほとんどすぐに翻訳され、原書を読まなくても済む。海外のものを翻訳的に取り入れるという影響からか、英語も脳内で翻訳、日本語に直して理解する傾向がある。また英語で書いたり話したりする場合、まず日本語で考え、その日本語に相当すると思われる英語を探して使うことも多いようだ。話している時は日本語の単語に対応する英語が思い出せないでそこでストップしてしまうこともある。

英語と日本語が一対一で対応していると思い込みがちだ。しかしbreakはいつも「こわす、こわれる」とは限らない。break the rule / law / wordsなどでは「破る」、break the newsなら「知らせる」、the day breaksは「明ける」、the waves break「砕ける」、the weather breaksでは「くずれる」など。逆に日本語一語に対しても英語でいろいろな語がある場合も多い。単語だけでなく、文単位でも英語と日本語は必ずしも対応しない。日本人はつい日本語的な発想で文を組み立てがちである。

6) 日本語に日常使うやさしい大和ことばと、難しい漢語があるように、英語でも平易な語と大げさな難しい語がある。長さから little words, big words とも言われる。ラテン系の借入語は big words が多いが、元々のゲルマン系の日常語は多くが little words である。実際に英語の話しことばなど決して難しいことばばかり使われているわけではない。ただ日本人はついかっこいい big words を使いたがる。little words は中学の初めに習うやさしい語として軽く見られている。実際にはわずかでも基本的な little words を広く使いこなせるようになれば英語力はかなり伸びるのだが。

2 苦手を克服するには

最後に挙げた問題点2つを克服すれば、特に実際に使

う場面で英語力はかなり高まる。順序は逆だが、6)のやさしい英語について考えてみよう。descendとgo down, manufactureとmake, recuperate（回復する）とget better, approximatelyとaboutやroughlyなどいずれも後者のやさしいことばで充分である。ベーシックではget, give, have, make, put, takeなどわずか16のやさしい動詞とin, off, on, out, over, upなどの前置詞が文の要となって平易なスタイルを作っている。今まで中学の英語として軽く見てきたようなlittle wordsをもう一度見直して、充分に使いこなしてみよう。ベーシックを学ぶことで上にあげたようなlittle wordsがどれほど大きい働きをするか驚かれると思う。ただそんなやさしそうな語が中心だと幼稚な英語になるのではと心配されるかもしれない。

　そこで私自身の経験を話したい。個人的なことだが、何十年も前に文部省（当時）から英国の大学に研修に派遣された時のことである。writingのクラスで毎週英文を書いて提出し、時に全員、10人の文がコピーして配られた。他の人の英文はbig wordsが多く立派に見えたが、私の文はlittle wordsが多くて幼稚な感じがした。ところが最終日にそのwritingの先生が私の所に来て「あなたの英文はlittle wordsをうまく使ってsimpleだけどとてもclearに書けていて、一番よかった。日本人の先生方はどうしてもbig wordsを使いたがるけど、それらには微妙なニュアンスもあって、その含みがはっきりしないと上手に使えない」とのこと。特に意識したわけ

ではないが、ついベーシック的な英語になっていたのだろう。writing専門の先生にベーシック的なsimpleな英語をほめられて、ベーシックに対して一層自信を持つようになった。

　次に5）の訳語の問題について考えてみよう。先のbreakの例からも分かるように、一般にことばとそれが指すもの、意味とはぴったりくっついてはいない。英語一語にもいろいろな意味があるが、学習者は教科書で最初に習うとか、辞書で最初に出てくる意味、訳語を一対一で覚えがちだ。一般の英和辞書はほとんど頻度順なので、最初に出てくるのは確かに最もよく接する意味の訳語である。ただ実際に日本語と英語とぴったり重なって対応することばは少ない。それでも初歩の学習者はonを「上」と覚えてしまう。

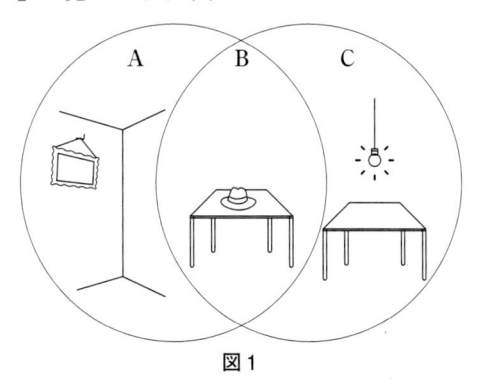

図1

前頁の図で左側の円はon、右側の円は「上」の領域とすると、onが「上」と重なるのはBの部分だけだ。Aの部分はA picture is on the wall.(絵が壁に貼ってある)とかA fly is on the ceiling.(はえが天井にとまっている)で「上」ではない。またCの部分では日本語では「上」でも英語ではonではない。The light is hanging over the table.とかWe see the moon above the mountains.など、overやaboveである。

　ベーシックでは語がそこからいろいろな意味に広がる根元の意味（root sense）を先ずしっかり理解させる。それも状況で、例えばonならそのような場面を示すとか、例文をいくつもあげて「接している時に使われるのだ」と分かるように。つまりイメージとして意味をつかみ、その根元のイメージからスムースにいくつかの意味に広がるように段階づけて学ぶようになっている。onの例を挙げたが、逆に日本語の「〜から」も次の例のようにfromではないことも多い。

　裏口から入る go in **by** the back door
　部屋から出る　go **out of** the room
　穴から光が入る　light comes **through** the hole
　８時から始める　make a start **at** eight
　バスから降りる　get **off** the bus
　大通りから入ったところ a place **off** the highway
　家から近い quite near (**to**) my house
　東から昇る　the sun comes up **in** the east

第 1 章　日本人と英語

　ベーシックを作り上げたオグデンは『意味の意味』[1]という本で、ことばはそれが指す物と対応、ぴったりくっついてはいないことをはっきりさせた。これについては 8 章 3 で紹介するが、ことばはそれを使う人の思想、心的過程を通して事物を指すことを主張した。話しことばでは話し手の心の状態、それまでのいろいろな経験、外的な状況、文脈などによってことばが指すもの、意味は決まってくる。上の例は文脈による違いである。

　英語の受信（読む、聞く）でも発信（書く、話す）でも、日本語との一対一の翻訳式は上記の意味作用から見ても正しいとは言えない。on などの例からも分かるように、訳語では本当の意味を伝えられない場合も多く、文全体から考えて判断しなくてはならない。読むときは訳読の習慣から、日本語に訳してみないとはっきりしない人も多い。英語に接したら日本語にしないでそのまま直接頭の中でイメージして意味を把握できるようにしたい。英語で表現する時は、日本語を通さないで、直接英語で言えるようにしたい。急には無理でも、ベーシック的な言い方に慣れてくれば、英語と日本語を対応させる習性から解放されるようになる。

　前にも述べたように、知識としての単語や文法だけではことばは使えない。それらは固定した「決まりごと」として学ぶ静的な作業だ。実際に生きたことばとして単語の組み合わせなどを応用した実践的な使い方は、想像

力を働かす動的な作業である。もちろん前者の知識、単語や文を作る基本的組み合わせのきまり、いわゆる文法は必要ではある。ただ教科書は、文法を文型とか分詞など規則として教えるが、自分で文の決まりを見つけたり、ベーシックのように状況から文を考えたりすることはあまり教えない。正しい文を暗記しても、それを言うだけならそれで終わってしまう。先ずは短い文からでも始めて言いたいことが言えるようにしよう。

第2章
ベーシック・イングリッシュとは

※以後6章までの英語について、ベーシックにない語はイタリック（斜体）で表記し、それ以外はすべてベーシックの語である。斜線はいずれの語句もそこで使えることを示している。例えば、He is in the house / Tokyo. など。英文内の（　）は省略もできることを示す。なおつづりはイギリス英語式になっている。

1　850語の世界

　ベーシックといえば「まさか850語でちゃんとした英語が書けるわけがない」とか「動詞が16語だけなんてありえない」などと疑わしく思われる方も多い。発表当初も余りに画期的な試みに反発する人々もいた。私たちが日常経験するほとんどあらゆる出来事や事柄を、そんなわずかな英語できちんと言い表せるといっても、確かに信じられないかもしれない。そこで先ずベーシックとはどういうものか、ベーシックで書いた文をちょっと読んでみて欲しい。

　Basic English is a simple form of English, with a limited number of words (850) and simple rules, but still it is normal English. There are no changes in the normal order and behaviour of these words in everyday English. It is an English in which 850 words do all the work of 20,000, enough to make a clear statement of ideas. We are able to say almost anything of general interest in it. Basic English was worked out by C.K. Ogden and was made public in 1930. It was designed as an international second language and a first step to full English. It is at times taken only as a list of 850 words but in fact it is a highly ordered system of English.

In *The Meaning of Meaning*, C.K. Ogden and I.A. Richards took up the question of the relation of language to thought, and the idea in this book was turned into Basic English. Then, while they were giving senses of different words, they took note of the fact that a small number of words kept coming up again and again. From this an idea came to them that limited English might be possible. Further back Jeremy Bentham's theory of fiction gave Ogden a suggestion of getting words of fiction, specially verbs, broken down into simple words, such as "*enter*" into "go into" and "*return*" into "go back".

Basic English had good days for years with branches of its organization in almost 30 countries for teaching and putting it across widely. About 200 books in or

第2章 ベーシック・イングリッシュとは 21

about Basic were in print and were on the market by 1939. In 1943 Churchill gave a talk in support of Basic English. After the end of the Second Great War, however, there has been less interest in it.

　上手な英語とは言えないだろうが、850語だけでも意味ははっきり伝わると思う。実際に何冊もの本がベーシックで書かれ、また普通英語で書かれた本でベーシックに訳されたものも数多い。聖書を始め、ポーの *The Golden Bug*, シェクスピアの *Julius Caesar*, ピノキオの話など。さらに科学分野の本も何冊もベーシックで書かれている。なお「一般的なことは言える」というのは、専門分野のことに関しては、850語の他に special words として科学一般と詩の用語が各100語、また科学の各分野、経済、ビジネス、聖書用に50語ずつ選ばれている。また国際語として広く使われる語も100語ほど選定されて使えるようになっている。

　Basic という名前は、British, American, Scientific, International, Commercial の頭文字をとってつけたと言われている。イギリス、アメリカで、科学、国際的、商業用にも用いられるという意味である。上で述べたように立派なベーシックで書かれた小説もあるが、この名称は、ベーシックが本来は情緒を表す文学などより、実務や科学など具体的に物事を指示するのに適した言語であることを示している。もちろん英語の「基礎的な」とい

う文字通りの意味があることは言うまでもない。ただTVやラジオ講座などでも使われている「基礎英語」などの名称とは異なる。これらは基礎的なやさしい入門期の初歩英語を指すが、ベーシックの"Basic"はそれによって他の語を定義できるような、つまりあらゆることばが還元される言語の根源、基礎を指している。

　先のベーシックで書いた説明にもあったように、ベーシックはただの850の語表ではない。これは高度に系統だった有機的な組織である。語彙の選択基準についてはこの章の3で詳しく述べるが、ただ学習に容易になるように機械的に難しい語を減らしたのではない。重要な思想、日常生活の中での動作や経験、基本的感情、社会生活上必要な情報の交換などに欠くことのできない最低限の語を英語の中から探し出して体系化したものである。長年にわたる言語学、心理学、論理学など科学的理論に基づいた語彙研究の結果、英語を一旦解体して850語にまで絞り込んで作り上げた、完成された英語の一体系となっている。大事なことは、ベーシックの語や文法は英語そのものの一部で、決して不自然であってはならないこと。まさに自然言語ではあるが，語彙を制限することで人工語的な合理性の高いことばになっている

　あらゆる思考のkey wordsがこの850語であり、ベーシックは英語の本質的な側面を簡潔に見せてくれる。現在私たちの身の周りには物でも情報でも多すぎないだろうか。なくても済むものまであるが、本当に必要なもの

を選ぶことが大切だ。たくさんの単語を覚えてもきちんと使えないよりは、少ない語でも効率よく働かせることこそ、まさに「省エネ」にかなっている。わずかでも本当に基本的な語を「自分のことば」として自信を持って使いこなせるように、その意味、用法をしっかり身につけて、その組み合わせで幅広い表現が出来るようにしよう。これはただ単語や文法の知識を覚える暗記ではなく、考えて語と語を組み合わせて英文を作る創造的な作業であって、頭の体操でもある。

　ベーシックはわずかの語しかなく、使いたい語が使えないことが多い。ただ先にも書いたように、どんなことでもその内容を分解すれば、基本的なやさしい語の組み合わせで言えるようになっている。「文房具店」と言いたい時、*stationery*を知らなくても、意味をくだけばwriting-materials storeでよい。彼は「うそつきだ」も、*liar*の代わりにhe says what is not trueで、また今はどこでも使われているが、「津波」もa great wave coming up over the landで長くはなるが、意味は伝わる。

　語の意味をくだいて表せば、やさしい英語で何とか言えるという自信がついてくる。しゃべる時にはゆっくりと内容を考える暇はないだろうけれども、ベーシック的な言い方に慣れてくれば、かなりのことは自然に出てくるようになる。それは文の中で使うkey wordsが850語と限られているから、それら少数の語の使い方をしっかり身につけておけば、他の語との組み合わせで多くのこ

とが言える。実際にそれらの例に触れ、少しずつでも使ってみるうちにベーシック的表現に慣れてくる。

　ことばには多くの場合、表に現れている形、例えば*disembark*（船から降りる）に対してその裏にget off a shipが、*bachelor*（独身男性）に対してはunmarried manという複数の要素が隠れていて、それらこそ本当の意味なのだ。つまりこのように分解すると、一語の中に隠れていた部分が表に出てきて意味もよりはっきりと分かりやすくなる。これは言語によって異なるが、英語ではこのような分解した言い方もよく使われている。英語のこの分析性という特性をベーシックは最大限利用している。

　ベーシックでは、名詞はできるだけ目に見え、絵で示せるような具体的実物を、動詞は実際に体を動かして示せるような基本的な動作を基にしている。そのようなroot senseからもっと抽象的、複雑な意味にもスムーズに展開できるようになっている。これは後で説明するが、比喩の中の、メタファー（隠喩）という働きである。例えば、木の根のrootからthe root of the fighting（けんかの源）へ、また文としてもput the books into the bagで目に見える動作からput one's heart into work（仕事に熱中する）とかput the feeling into words（感情をことばに表す）などと抽象的な意味に広がる。

　ベーシックはその目的を３つ掲げている。①国際補助

語として異なる母語の人々がお互いにコミュニケーションできるように。②英語を母語としない人々の英語学習の第一歩として、後の普通英語への橋渡しとして。③分析的で明瞭な表現をすることによって思考の明晰化へ。

①のいわゆる世界共通語としては、現に英語は事実上ほぼその役割を果たしている。ここでは特に②を中心に考えていく。③はベーシックを学ぶことで、その結果、副産物としても得られる利点である。元々これは英語の母語話者に対して言われていたが、私たちにとっても同じ効果はある。

次に「18頭目のらくだ」の話をリチャーズがベーシックで書き直したものを紹介する[2]。

"A certain Sheik had three sons, good men of some learning. On his deathbed he sent for them and made a division among them of all he had. One half of his property he gave to the oldest, one third to the second, and a ninth part to the youngest son. And with that his days on earth came to their end.

But when the sons came together to make a division of their father's goods they were greatly troubled. The Sheik had seventeen camels (long-necked animals of the sand-wastes, used for transport and able to go for days without water.) The three men were at a complete loss till help came to them from a wise old friend of the family. He sent them his only camel to make eighteen.

Then the first son took nine of the camels, the second six and the third two, after which they sent back the eighteenth camel to their father's friend. The eighteenth camel was *a catalyst*".

(Sheikはアラブイスラム国家の家長を指す称号)

　最後の*catalyst*とは化学の触媒のことで、それ自身は何ら変化しないが、それによって他の反応を起こす役割をするものを指す。父親が残したらくだが17頭では、遺産分割の命令通りに分けられずに息子たちは困っていたが、昔からの賢い友人が、彼の1頭のらくだを寄こしてくれた。この18頭目のらくだはただそこにいただけで、息子たちは、長男は18の2分の1で9頭、次男は18の3分の1で6頭、三男は18の9分の1で2頭と、父の命令通りにらくだを分けることが出来たのだ。

　リチャーズはその後で次のように述べている。ベーシックは18頭目のらくだの役をするのではないか。それはコミュニケーションの問題の多くを解決する道を開いてくれると。ベーシックは直接の働きだけでなく、4章4でも扱うがそれによって英語の仕組み、ことばの働きなどを私たちに分からせてくれる。

2　英語の語彙

　語彙（vocabulary）とはある言語の中の単語の全て、総体を指す。先ず、私たちのまわりで子供が母語である

日本語を覚える過程を考えてみよう。子供は2、3歳になれば、特に教えられなくても親など周囲の人々のことばを聞いて、日本語の文の組立や音声はある程度まで自然に身につく。もちろん文法的に間違った言い方をすることもあるが。私は何年間か自分の子供たちのことばの記録をとってまとめたことがある[3]。1歳前半は一語文だが、半ば過ぎると語と語をつなげ、2歳になる頃には主語、目的語、動詞の語順で簡単な文を作っていた。ところが語彙の面では限られた生活範囲から当然だが、理解して適切に使えるものはごく限られている。年令が進みその生活範囲も広がり、新しい経験から語もどんどん増えていく。もちろん大人になってもまだ知らない語はいくらでもある。英語でも大筋では同じだろう。

どの国語でも語彙はとても多いが、英語の語彙は非常に豊富、つまり語数が多い。その大きな原因は歴史的事情によって、元来のゲルマン系の語に後から入ったフランス語、ラテン語などの語が混在しているからである。

ここで英語の歴史をさっと振り返ってみよう。先ず8世紀頃から北のヴァイキングの度重なる侵略によって、デーン人たちの古ノルド語がかなり入ってきた。これは英語と同じ系列で give, get, take などをはじめ日常的な語が多く、自然に英語とまざって使われるようになった。

次に11世紀頃ノルマン人の英国征服で、フランス語を話す人々が大勢入ってきた。彼らは征服者、上流階級

で多数の宮廷用語、知的専門用語などをもたらした。ただ庶民の基本的な生活用語である英語に直接には影響しなかった。14世紀頃には多数のラテン語も入り、その結果、英語には元来のゲルマン系の語と後から入ったラテン語、フランス語などが併存することになった。英語の語彙が非常に豊かになったわけである。現在ゲルマン系の単語は全体の半数以下だが、それらは基礎的な語が多いので頻度からいえば割合はずっと多い。

　先にも述べたようにゲルマン系の語は日常的な平易で力強いlittle words、一方ラテン系の語はやや精巧、難しいbig wordsが多い。現在も同じことを表すのに両者が併用されている場合もある。次の例でお分かりだろうが、前者はゲルマン、後者はラテン系だ。

　ask―*interrogate*, *fire*―*conflagration*, *eye doctor*―*ophthalmologist*, *walker*―*pedestrian*など、ラテン系の「眼科医」なんて舌をかみそうな語である。面白いのはcow―*beef*, pig―*pork*, *calf*―*veal*（仔牛）, sheep―*mutton*など動物としての名前はゲルマン系、食卓に上って食べるのは上流の人たちだから、食肉の名前はラテン系である。また一語動詞はラテン系が多く、先に例にあげた分析的な基本動詞と前置詞などの組み合わせはほとんどゲルマン系である。英語の中心、核となっているのは元々のゲルマン系で、その周りにラテン系の語がある状態とも言える。英語にはその他にギリシャ、イタリア語などからの借入語も豊かだ。

第2章　ベーシック・イングリッシュとは

　さてこうしていろいろな言語が混じり合うことで、英語は文の形成上も大きな変化を受けた。

　1100年頃までの古英語はラテン語などと同様に複雑な屈折変化があった。名詞には性、数、格の活用変化があり、形容詞も名詞に準じた。動詞も時制、数、法など屈折変化をした。ただこれら複雑な文法的な語尾変化、活用はデーン人たちとの接触でだんだんすり減ってきた。1500年頃からの近代英語で残っているのはI, my, meなどの人称代名詞、不規則動詞の活用、不規則の複数くらいで、フランス語などと比べてずいぶん単純になった。活用語尾で表す代わりに語順がきちんとなり、また語尾で示す関係を前置詞などが外に出て表すようになった。

　語尾の屈折変化の著しい言語は総合的、少ないのは分析的言語と言われている。英語は古い時代は総合的だったが、近代英語はかなり分析的になった。これは英語の大きな特質で、後で述べるがこのおかげでベーシックも可能になったのだ。いくつもの動詞を少数の基本的動詞と他の語とに分解しても同じ働きが出来る、go awayで*leave*, go upで*ascend*などの意味が表せる。ヨーロッパの他の言語でこのようなことは出来ない。ベーシックと同じような働きをするには2,000語以上必要と言われている。

　特に動詞を16語までに減らすなどということは英語以外ではおよそ不可能である。これを実証しようとベー

シックを使ったテキスト *English through Pictures*[4]と同じ主旨で作られ、ほとんど同じ内容のシリーズのフランス語、ドイツ語、イタリア語、スペイン語、ロシア語で使われている動詞を比較してみた[5]。Book 1,2で動詞の数だけ見ても、英語の16に対して同系列のドイツ語だけは25語と少なかったが、フランス語は95語、その他も70語から90語だった。それは英語のような分析的言い方ができないから、例えば、英語でgo outの部分は仏、独、スペイン、伊の順にsortir, ausgehen, salir, uscireで、come upはlever, aufgehen, subir, sorgereとなっている。

　英語で少数の基本的動詞が前置詞などと結んで分析的に広く使われるということは偶然ではなく、1,000年もの英語の歴史の中で起こった必然性だった。つまり英語には簡易化される重要な性質が初めから組み込まれていたのだ。オグデンらがベーシックをinvention（発明）ではなくdiscovery（発見）と称したのももっともである。

　英語の語彙は前述のような過程を経てきわめて大きくなった。学習者にはその中から選んで教えなくてはならない。英語教育のための制限語彙表が20世紀に入っていくつも発表された。そのほとんどが統計的な頻度に基づいている。「よく使われる語ほど役に立つ」という考えからである。

　別に英語に限らないが、ことばの中には基本的な語（basic word）とそうでない語（non-basic word）があ

ることは古くから気づかれてきた。数では後者が圧倒的に多い。basic wordとは日常よく使われるなじみの語である。もちろんはっきり区別はできないけれど、私たちのことばにはなくてはならない語と、なくても済むぜいたくな語と2種類あることは事実である。これらは語の長さから little words, big words の区分にほぼ相当する。

程度の問題だが basic word の特性として次のような点があげられる。①使用頻度が高い。②語の長さは短い。③意味の範囲が広い、つまり特定性が低い。そこから ④使用範囲も広く、いろいろな語と結びつく。⑤他言語とのズレも大きい。

たとえば、食べ物が悪くなっている状態を指すのに、*addled*は卵だけに、*rancid*は油類などとごく限られた範囲にしか使えない non-basic word である。一方 bad は何にでも使える basic word である。また basic word の give は与える見返りとして義務があってもなくてもよいが、non-basic word の *pay, sell* は見返りの義務があり、*award, confer, donate, present* は義務がないというように意味的にも範囲が狭くなっている。ベーシックの語は basic word が比較的多い。

学習には前者の方が易しそうだ、語の長さも短いし、頻繁に接するから。ただ特に動詞など意味の範囲が広く、特定性が低いのは意味、用法をはっきり把握しにくいことも意識しておかなくてはならない。また⑤の訳語

とのずれが大きいので、母語との対応で理解するのは注意が必要である。上の①、②にあげた語の長さと頻度が反比例していることはかなり以前にジップが法則として発表している[6]。彼のもう一つの法則は、頻度の高い語ほど数が少ないということ。よく使われる語が長さも短く、数も少ないというのは経済性からも好都合だ。これらの法則は２つとも自然言語がいかに情報コストと深くかかわっているかを示している。

3　ベーシック・イングリッシュの語彙

　先に述べたように、一般には頻度の高い語1,000語とか2,000語などが教育用に選ばれてきたが、ベーシックで850語を選んだ基準は頻度ではなく、有用性、働きの大きさである。これは「よく働く語ほど結果的にはよく使われる」という発想の転換である。語はそれぞれ使われている中でその働きの量、質が異なる。働きが大きい語とは、使用範囲が広く人間にとって最も普遍的な経験、考え、情報などを表すのにどうしても必要な基本的な語である。具体性もあり、習得も容易で、なおその後の語彙習得の基礎となるような語が中心となっている。このような表現力の大きい語は定義にも使われる、つまり他のことばの代用が出来ることになる。850語は単独で働きが大きいだけでなく、いろいろ組み合わさって他のどんな組み合わせより大きな働きをする。

第2章　ベーシック・イングリッシュとは　　33

　先ず実際に例を見てみよう。次に同じような意味の
ベーシックとベーシックでない語（イタリック体の語）
と対にして並べてある。どうして片方がベーシックに選
ばれたかを考えてみたい。
① *difficult* hard　　　② *easy* simple
③ *often* frequently　　④ *can* possible
⑤ *shape* form　　　　⑥ *afraid* fear
⑦ *sorry* regretted　　　⑧ *big* great
⑨ *merchant* trader　　⑩ *weak* feeble
　上のイタリック体の語を見て、何故こんなに頻繁に使
われる語がベーシックにないか不審に思われるかもしれ
ない。
　①*difficult*はよく使われるが、hardの方がhard question だけでなく、hard wood（かたい）、hard blow（強烈な）、hard teacher（厳しい）、raining hard（激しく）、hard work（骨の折れる）、working hard（一生懸命）などずっと広い範囲で使われる。②ただ容易な、らくなという*easy*よりsimpleの方が基本語である。それは簡単なだけでなく、単純、簡素という意味もある。ベーシックは単に*easy* Englishではなく、まさに簡潔simple Englishである。③*often*の方がよく使われるだろうが、frequentlyは-lyをとれば、元の形容詞としても使える。④*can*がないのも疑問に思うだろうが、これはpossibleやable、またmayでも表せる。possibleには-lyもつくし、ableもable painter（有能な）のように名詞を修飾す

ることも出来る。⑤*shape*は外部の輪郭で構成される形だけだが、formはa new form of art（形式）などと内部との関連でも比喩的に使われる。

⑥*afraid*に比べてfearは恐れの感情を表す多くの語を代表する基本的なもので、be in fearとかhave a fearなど、またfearing, fearedとも言える。⑦ regretは後悔とか残念という名詞として使えるし、I am regretting..., It is a great regret.など*sorry*の意味にもなる。⑧greatは形の上での大きさだけでなく、抽象的にも偉大であることを指す。a great number ofやa great amount ofで数や量の大きさを表し、*big, large*の意味も含まれる。⑨ *merchant*の代わりにtraderまたはtradesmanでも、「商人」としてだけでなく、その元のtradeが「貿易、職業」として、またtrading in shoesなどでも使える。

⑩について、ベーシックは聞いた時にもまぎらわしくないように同音で異なる意味の語は避けるようにしている。weekがあるので*weak*の代わりにfeebleが選ばれている。feebleには比喩的に「効果の少ない」などの意味もある。同じように*piece*はpeaceがあるのでその代わりにbitが、また*too*もtwoと重複しないようにin addition, overmuchなどを使う。

語は元の意味から比喩、特にメタファー（隠喩）によって意味が拡がる。例えばheadがat the head of the list（リストの一番上に）, head of the school（校長）などとなる。これについてはまた後で詳しく扱うが、メタ

ファーとして意味が広がるような語はとても有用なのでベーシックにはそれらが多く選ばれている。また例にあげたベーシックの語はその多くが異なる品詞としても使われている。これは少ない語を広く使うのにも大変便利である。上の例以外にも、*dull*と uninteresting, *famous*と（well-)noted, *heavy*と of great weightなどで、後者のベーシックの語は形容詞と名詞に、また*perhaps*と possiblyの後者は形容詞と副詞に使える。

　ベーシックの850語は他の語の代わりに使われるような定義力の強い基本的な語で、英語の中の核とも言える不可欠な語である。この有用性を基に英語の中から利用範囲の広い、あいまい性が少なく、学習に容易な最小限の表現形式を提供することがベーシックの目指すところだった。英語の巨大な語彙の中に「言い換え用」とも言えるbasic wordsがわずかだけれどもあって、その組み合わせで人間の基本的な考えや日常生活に必要なことがほぼすべて表現できるとオグデンは確信を持った。この事実はそれまでほとんど気づかれてこなかった。

　850語の選定に当たって、オグデンはまず省ける語を考えた。私たちが使っている語の多くは次のような性質のもので、それらは省いてより具体的な語で言い直せると指摘した。

1) 速記記号のようにいろいろな要素が詰まっている（特に動詞）

　　accelerate（加速する）= go more quickly

amputate（手脚を切断する）= get (arm or leg) cut off
2) 言及しているものの多くは抽象的な虚構
fame（名声）= great name
hunger = need for food
liberty = condition of being free
3) 人や物について言うことの多くは喚情的な語（人の感情をゆさぶり、怒らせたり、悲しませたりする）
courteous（礼儀正しい）= kind, polished in behaviour
envious（ねたみ深い）= desiring what another has

そこで当然上にあげたような語、古めかしい語、特殊な専門分野の語などは省かれた。また少数の語で言い換えられるような語、例えば*puppy*はyoung dogで、*bitch*はfemale dogと言えるのでこれらも不要とした。その上で実際に選ばれた語は次のような語である。

① ごく普通の現代英語の中で普遍的な経験や考えなどを表す語

② 他の語の内容をくだいて数語ででも明快に言い直せる語

③ 分かりやすく、メタファーにも使われるような語

こうして選ばれた850語は繰り返しになるが、日常生活でのほとんどすべての動作、重要な思想、基本的な感情、社会生活上必要な情報交換などに欠くことができない最低限度の語である。学習上の優先性が高く、習得し

料金受取人払郵便

新宿局承認

6205

差出有効期間
2027年1月
31日まで
(切手不要)

郵便はがき

160-8791

838

東京都新宿区新宿1-10-1

(株)文芸社

　　愛読者カード係 行

ふりがな お名前			明治　大正 昭和　平成	年生　歳
ふりがな ご住所	□□□-□□□□			性別 男・女
お電話 番号	(書籍ご注文の際に必要です)	ご職業		
E-mail				
ご購読雑誌(複数可)		ご購読新聞		新聞

最近読んでおもしろかった本や今後、とりあげてほしいテーマをお教えください。

ご自分の研究成果や経験、お考え等を出版してみたいというお気持ちはありますか。

ある　　　ない　　　内容・テーマ(　　　　　　　　　　　　　　　　　)

現在完成した作品をお持ちですか。

ある　　　ない　　　ジャンル・原稿量(　　　　　　　　　　　　　　　　　)

書　名						
お買上 書　店	都道 府県	市区 郡	書店名			書店
			ご購入日	年	月	日

本書をどこでお知りになりましたか?
  1. 書店店頭　2. 知人にすすめられて　3. インターネット(サイト名　　　　　　　　　)
  4. DMハガキ　5. 広告、記事を見て(新聞、雑誌名　　　　　　　　　　　　　　　　　)

上の質問に関連して、ご購入の決め手となったのは?
  1. タイトル　2. 著者　3. 内容　4. カバーデザイン　5. 帯
  その他ご自由にお書きください。
  (　　　　　　　　　　　　　　　　　　　　　　　　　　　　　　　　　　)

本書についてのご意見、ご感想をお聞かせください。
①内容について

②カバー、タイトル、帯について

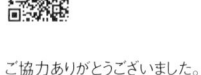

弊社Webサイトからもご意見、ご感想をお寄せいただけます。

ご協力ありがとうございました。
※お寄せいただいたご意見、ご感想は新聞広告等で匿名にて使わせていただくことがあります。
※お客様の個人情報は、小社からの連絡のみに使用します。社外に提供することは一切ありません。

■**書籍のご注文は、お近くの書店または、ブックサービス(📞0120-29-9625)、**
　セブンネットショッピング(http://7net.omni7.jp/)にお申し込み下さい。

ておけばその後の語彙習得が容易になるような基礎的、核心となるような語が中心となっている。ベーシックの850語は、前にも言ったように単なる語表ではない。この語があるからそれは不要などと語と語の有機的なつながりが考えられている。各語は他の語との関連性において文の中で果たす役割が考えられ、一つの英語組織の中に組み込まれている。これは頻度数による他の制限語彙集とは根本的に異なることをしっかり認識しておこう。

850の語表はA4版の紙1枚に収まり、それはベーシック関係の本全てに添付されている。この本にもはじめに付けてあるので、先ずその語表を見てみよう。伝統的な7または8品詞などの分類とは違って、ベーシックでは語をその働きによって物、性質、作用と大きく3つに分けている。600のThings（事物）、150のQualities（事物の性質）、100のOperations（作用または操作）で、従来の品詞では名詞、形容詞、最後のものは動詞、前置詞、副詞などである。

オグデンの考えでは、ことばは本来私たちが指し示すことのできる「物」の世界を扱う道具で、物の名前は数からも最も多く、ベーシックの中心を占めている。それらを200の外郭がはっきりして絵で表せるような個別的な物Picturedと400の絵には表せないGeneral、いわゆる抽象名詞や物質名詞などに区別している。ここには動作、状態、精神、物質、一般的な事物などが入っている。一般には動詞として扱われるattack, cry, walk、ま

た語尾がついたagreement, discoveryなども動作を表す名詞として入っている。animal, buildingなどは具体的なものだが、犬や猫などと違って動物そのものは絵に描けないので後者に入っている。Qualitiesのうち反対語がいずれかにあるもの50語がOpposites（対立語）として別枠になっている。rightとwrong, trueとfalse, awakeとsleepなど対にすれば意味がはっきりする。この「対立」については後にまた説明するが、これら2つの細分化は学習の便宜のためだけとされている。

　100語のOperationsはベーシックで最も重要な語群で、語表の左欄に他のものと区別されている。一般に語は名詞、形容詞、動詞など何か表す内容を持っている内容語と前置詞や接続詞など文を作る枠組みになる機能語に分けられている。ベーシックのOperationsは一般の機能語に相当するが、大きな違いは動詞がここに入っていること。それはベーシックの動詞16語はその他一般の動詞とは働きが異なるからである。それ自身の意味内容は薄く、名詞など他の語を結びつけて文を構成する働きが大きい。そこでオグデンは16の動詞をOperators（操作詞、作用詞）と名付けた。ただここでは従来通り「動詞」という名前を使っておく。つまり文を形作るOperationsとそれ以外の文が伝える内容に大きく二分したのだ。これは非常に画期的なとらえ方でまた非常に重要なことなので、次章で詳しく説明する。

　この重要なOperationsという語群は上から16の動詞

と助動詞、次にaboutからwithまで20の前置詞（副詞）が来ている。これら20語はほとんど空間内の位置、動きの方向を指すので「方位詞」と名付けられていて、本書でもこの名前を使う。これらも特に動詞と結びついてベーシックでは極めて重要な働きをする。その下に接続詞、代名詞、副詞などが来ている。名詞や形容詞などは使い方自体それほどむずかしくはないが、この語群は学習上も一番難しいので別枠にして注意を喚起している。これは英語教育の上からも重点的に指導する必要がある。これらを充分に使いこなせるようにしておくことはベーシックの学習だけでなく、一般の英語学習にも大変有効である。この語群を分けて特に注意をうながしたことは極めて重要だとベーシックを批判する学者たちも高く評価している。これら100語の頻度は一般的にも極めて高い。

　最後にもう一度語表を眺めてみよう。ここで特徴的な2点は、動詞が極端に少なく、しかも機能語に属していること、それに対して名詞の比率が非常に大きいことである。ベーシックは名詞中心の文と言える。例えば動詞の意味を give a jump, have a drink, make a discovery などと名詞を使って表すことも多い。なおいわゆる副詞という分類はないが、ベーシックで様態を表す副詞はほとんど形容詞に -ly を付けて作り、その他方向や位置を表す語などは Operations の中に入っている。この語表にはあらゆる種類の代表的な語が入っていて、どの段階

の学習者にも価値があるとオグデン自身も述べている。

　ベーシックはことばの中で主に物の名前、性質、行為、方向の4つに焦点を置いている。基礎的な段階ではこの4つの区分だけでも、文の意味を比較、分析して表現の道具とするにはほぼ充分だとしている。これらのグループについてもう少し考えてみよう。
1）物の名前を知っていれば、それだけでも言いたいことはほぼ伝わる。幼児のことばも始めは単語、ほとんどが物の名前だ。前にも述べたように、ことばは本質的に私たちの感知できる「物」の世界を扱う道具だというのがオグデンの考えである。ベーシックでは数の上で名詞が圧倒的役割を果たしている。つまり名詞を中心に物事を考え、意味の重心を名詞に置く。名詞には視覚的に示せる語もあって理解し易いという利点もある。
2）形容詞にはcold drink, open door, red houseのように物を区別するものや、beautiful girl, great manのように感情や評価を表すものがある。後者の中で喚情的な語は注意が必要で、ベーシックでは高度に喚情的な語はできるだけ分解して中立的、指示的なことばで表すようにしている。*fine, nice, wonderful*など何にでも使えて便利ではあるが、ただ「よい」だけではっきりした意味は表さない。ベーシックでは何を形容するかその場に応じて次のようにより具体的なはっきりしたことばで表す。*fine* day, *fine* wineならbright and warm day, first-rate

第2章　ベーシック・イングリッシュとは　　41

wineなど、*nice* man, *nice* foodはkind person, food with delicate tasteなど、また*wonderful* painter, *wonderful* viewはexpert painter, uncommonly good viewなどで表せる。

3)　動詞については3章3、4で扱うが、16語のうちcome—go, get—give, put—take, keep—let, make, do（最初の4組は意味の上で対になっている）の10語が、key acts基礎動作語として純粋に人の基本的な身体や物理的動作を表す。それと状態を示すbe, seem, haveがある。say see, sendはまだ分解できるのでなくても済むが、なめらかになるように加えたと言われている。それに助動詞としてmayとwillが入っている。

4)　状態や移動などを表す動作は空間内の位置や方向を伴うことが多く、それらを担うのがこの前置詞、副詞である。その働きから「方位詞」と名付けられている。具体的な空間は目で見ることができて分かりやすい。またこれらは単独でなく動詞と結びついてgo on（続ける）、put off（延期する）、take out（取りだす）などと大きな働きをする。

　語の使い方ではrulesとして語表の右下に出ているが、大きな規則として次の5点をあげている。
　① 複数として 's' をつける。
　② 物の名前の内約300語に -ed, -ing, -er をつけて派生語にする。

③ 性質を表す語のいくつかにはun-, -lyをつけて使える。
④ 850語は基本的にどの語とも結んでoverwork, undertake, viewpointなど合成語が作れる。
⑤ 度量衡、数詞、暦用語、国際語など通用している語はそのまま使える。

2番目の規則については後で取り上げる。

第3章
「小さな巨人」
ベーシック・イングリッシュのなぞ

1　850語で表現が可能

　850語は2万語の働きをするといわれているように、まさに「小さな巨人」である。オグデンは英語という言語を徹底的に研究して英語本来の姿を見出し、一旦解体して英語のミニマムモデルを作った。それにしても一枚の紙に収まるほどのわずかな語彙でほとんどのことが表現できるのはどうしてだろうか。前にも言ったように、どんな複雑な考えも分解して基本的なことばで言い表せるというのがベーシックの基盤である。それを主に次の4つの方法が使われている。

1) 語の意味を分解して表す

　私たちが、日常何か言いたいけれどその名前を知らない、とか思い出せない時、どうするだろうか。その内容をくだいて「ほら……する物」などと説明的に言うだろう。前にも例をあげたが、もう少し考えてみよう。「お風呂屋さん」はpublic bathでよいし、「日照り」の*drought*など知らなくてもa long dry weatherで、また*breakfast*は誰でも知っているけれどmorning mealでもすむ。少ない語数で大きな働きをするのには、どうして

も分解して考えることになる。化学ではあらゆる物質が有限の元素に分解され、その元素のさまざまな組み合わせが無限に近い物質を作り上げる。無限に近い語もその多くは同じように有限の要素に分解され、それらが組み合わさってさまざまな事象を表している。私たちがふだん使っていることばの裏に詰まっている要素は基本的なやさしい語で表せる。この基本的な語の組み合わせは言語によっても違うが、英語では多くの場合実際にもよく使われている。

advance（進む）= go on, *ascend*（上がる）= go up, *remove*（取り除く）= take away, *shave* = take hair off, *breeze*（そよ風）= soft wind, *cliff*（崖）= sharp high slope, *fragrance*（芳香）= sweet smell, *orchard*（果樹園）= garden of fruit trees, *irrelevant*（見当違いの）= off the point, *scarlet* = bright red

kitten, puppy, kid, calf, lamb, colt はそれぞれ cat, dog, goat, cow, sheep, horse に young または baby をつければ表せる。英語では日本語と違い家畜にも年齢で区分した名前があるが、それは生活文化の違いからだろう。

2) より応用範囲の広い、一般的な語で特殊な意味の語の代わりをする

一般的な応用範囲の広い語は便利である。細かいニュアンスは表せなくても、とりあえずは一般的なことばで済ませておける。特に学習初期の段階では、何も言えな

第3章 「小さな巨人」ベーシック・イングリッシュのなぞ　45

いよりはよい。*labour*はwork, *manufacture*はmake, *bitch*はdogですませておこう。微妙な意味合いは必要なら修飾語をつければよい。次の例のように一般的な語はいくつもの特殊な意味の類義語の代わりもする。次例で一般的な語には何を使うだろうか考えてみてほしい、答えは後に。

award, grant, present, provide, supply ―（　　　　　　）

cheerful, contented, delighted, lucky, pleased, satisfied ―（　　　　　　）

lean, skinny, slender, slim ―（　　　　　　）

chuckle, giggle, grin, smile, titter ―（　　　　　　）

annoyed, agitated, dismayed, distressed, perplexed ―（　　　　　　）

alarm, dread, fright, horror, panic, scare, terror ―（　　　　　　）

ache, agony, hurt, pang, sorrow, sore ―（　　　　　　）

difficult, severe, stern, stiff, tough ―（　　　　　　）

bench, chair, couch, pew, sofa, stool ―（　　　　　　）

答え（上から）
give, happy, thin, laugh, troubled, fear, pain, hard, seat

　上例の一般的な語は全てベーシックの語で、いずれもいくつものやや特殊な類義語をほぼカバーする。動詞は

1）の分解が多いが、名詞や形容詞はこのようにより一般的な広い範囲をカバーする語がよく使われる。上記の例について少し考えてみよう。

thinは文字通りthin bookとか、人もまばらなthin meeting、またthin soup（うすいスープ）などに。ここでは人がやせている意味だが、thinは*skinny*（やせこけた）とか*slender / slim*（ほっそりした）などのニュアンスに対してほぼ中立的である。painは一般的な語で体の痛み*ache*や心の痛み*sorrow*などどちらにも使える。また詳しく表したければ、必要に応じて修飾語句をつければよい。*agony*はgreat painで、*smart*はburning painで、*pangs*はsharp painで表せる。troubledも -edがついて「困っている、心配している」など形容詞になっているが、元のtrouble自身も広く使われる便利な語である。get into trouble with...（…と厄介ごとになる）、She is in trouble.（困っている）, The car has engine trouble.（故障）、The trouble is...（困ったことには）, give... trouble（面倒をかける）など。

最後の例では*chair*の方が一般的なのになぜseatがと思われるだろう。実はseatは非常に幅の広い語で6つの類義語すべての代用ができる。*chair*の意味成分はseat（with a back, for one person）で、*bench*は（long, hard）seat（specially one used outside）に、また*stool*はseat（without a back or arms, frequently with three legs）となる。seatは上例のようにいろいろな語をカ

バーするだけでなく、have, takeなどの動詞と結び、または-ed, -ingをつけて、*sit*という動作を表すこともできる。それだけ働きが大きい。

May I take this seat？（この席に座っていいですか）

Please come in and have a seat.

（どうぞ入っておかけください）

I was not able to get a seat on the train.

Please be seated here.

You are in the wrong seat. / You have the wrong seat.

（座席を間違えていますよ）

　このように意味範囲の広い、一般的な語は特殊な意味の語の代用ができる。しかし一般的な語が必ずしもよく使われるとは限らないこともある。主に物の名前だが、*furniture*（家具）は table, seat などより一般的だ。*quadruped*（４本足の動物）も一般的、*livestock* も cow, pig, sheep など家畜類を指すが、これらは日常余り使われない。ことばには概念の抽象度について一般的なもの（抽象的）から特殊なもの（具体的）と段階的にレベルがある。その中間あたりに認知の基本水準と言われる語がある。形の上からも単純で、表現力も大きく日常生活でよく使われる。先の例の、*furniture*―table―*bureau*, *quadruped*―dog―*shepherd* などのうち table, dog がそれである。上位の語は余り一般的で視覚イメージもはっきりしない。下位の語は具体的でも意味が特殊で使える範囲がせまい。*bureau* は writing table, *shepherd* は dog keeping sheepと、必要なら修飾語句をつけても表せる。ベーシックの名詞、物の名前はこの基本レベルに相当するものが多い。

3) 比喩、メタファーを最大限利用して意味の拡大に

　ほとんどの語は複数の意味を持つ。多義の多くは語の根元的意味（root sense）が人の想像力によって広がったもので、そこには何らかのつながりがある。例えば、the key of the doorの「鍵」からthe key to the question「問題のかぎ」にとkeyの指すものが具体物から抽象的なことへ広がっていくように。elastic viewはゴムなどの弾力性から「順応性のある見方」を指す。これは２つの物を関係づけて、新しい物の中に古い物を、つまり類似を見抜くという人間の心の働きで意味を広げる。そのままでは把握しにくい抽象的、非イメージ的な思考に対して、具体的なイメージを与えてとらえやすくする技法とも言える。学習上の基本的ストラテジー、方策である。言語の働きの基本的原理の一つで、有限のことばで無限に近い事象を表せるのはこのメタファーのおかげである。

　実はこのメタファーは伝統的には文学などでの用法、ことばの飾り物とみられていた。認知意味論でメタファーが人間の概念化の基礎であり、日常のことばに豊富に見られる、何より人間の概念体系そのものが基本的にメタファーであるという考えを明らかにしたのは、

ベーシックが出来上がって半世紀近く経ってからのことである。メタファーを基盤としたベーシックの考えがいかに時代の先を進んでいたかが分かる。

　ベーシックでは最初にできるだけ実際に指し示したり動作で表したり、また絵に描けるような具体的意味をはっきり分からせてからその意味を広げていく。この意味の展開にメタファーを最大限利用している。最初のroot senseをしっかりつかんでおけば、比喩で広がった意味はほぼ推測できる。目に見えないつかみにくい心の世界、思考、感情などをなじみ深い具体的経験の世界に移し替えて表現する。そこでメタファーとして使われることばは次の例のようにより身近な実体、直接経験できるような語が多いし、ベーシックではそれらを多く選んである。先ずいくつか例で意味の広がりを見てみよう。

　the <u>field</u> of science（分野）、at this <u>stage</u>（段階）、the <u>fruit</u> of the work（成果）、<u>dry</u> talk（退屈な）、<u>soft</u> voice（穏やかな）、<u>sweet</u> sleep（心地よい）、<u>balanced</u> mind（均衡のとれた）、<u>boiling</u> with angry feeling（燃えたぎる）

　次に品詞別にそれぞれもう少し詳しく分類した例をあげる。どのような語がメタファーになっているか分かると思う。以下の例のA,Bについて比喩の部分がどういう意味か推察してみたい（答えはBの終わり）。

A. 名詞…より具体的な分かりやすいことばで抽象的なとらえにくいことを表す。
a) 具体物で抽象的なことを
   talking with <u>fire</u>, <u>root</u> of the trouble, <u>thread</u> of the argument, of no <u>weight</u>.
b) 具体物で形の似たものを
   a <u>cake</u> of soap, a <u>leaf</u> of paper, a long <u>train</u> of men
c) 身体部位で物の部分を
   a <u>body</u> of men, an <u>eye</u> of a needle, the <u>neck</u> of a bottle, <u>teeth</u> of a comb［形状］
   the <u>face</u> of the building, the <u>foot</u> of the bed / mountain / page［位置］
   <u>head</u> of the school/town, the <u>legs</u> of the table［機能］
d) 物理的働き、特に身体動作で抽象的状態や動作を
   give a <u>blow</u>, have a good <u>grip</u> of, make a <u>slip</u>, <u>twist</u> of the words
e) 同じ抽象的概念でもより把握しやすいもので、把握しにくいものを
   from this <u>angle</u>, <u>birth</u> of a new idea , <u>burst</u> of angry words, narrow <u>view</u>

B. 形容詞…知覚しやすいことで知覚しにくい感覚や状態を表す。
　形容する語とされる語との感覚の領域が異なるが、それに対する人の反応が類似している。いずれもより直接

第3章 「小さな巨人」ベーシック・イングリッシュのなぞ　51

的な感覚の領域が使われている。
a) より原初的な直接的感覚で、順序はほぼ触角→味覚→嗅覚→視覚→聴覚である。
　<u>cold</u> look, <u>heated</u> discussion, <u>rough</u> idea, <u>stiff</u> behaviour ［触覚］
　<u>acid</u> words, <u>bitter</u> experience, <u>sweet</u> voice ［味覚］
　<u>black</u> look, <u>bright</u> hope, <u>dark</u> design ［視覚］
　<u>loud</u> colour, <u>quiet</u> colour ［聴覚］
b) 目で見えるような状態で抽象的状態を
　<u>deep</u> book, <u>low</u> taste, <u>open</u> heart, <u>sharp</u> pain, <u>straight</u> man
c) 具体的動作に -ed,-ing をつけて形容詞に
　<u>biting</u> words, <u>gripping</u> / <u>moving</u> / <u>touching</u> story,

答え
　A. a) 情熱、源／原因、筋道、重要　b) 一塊、一枚、行列　c) 一団、穴、くびれた部分、歯、正面、すその部分／ふもと／下部、長（トップ）、脚　d) 精神的打撃／ショック、把握／理解、過失、曲解　e) 立場、誕生、ほとばしり、見解
　B. a) ひんやりした、熱のこもった、大まかな、堅苦しい／ぎこちない、手厳しい、辛い、心地よい、不機嫌な、明るい、よこしまな、派手な、落ち着いた／地味な　b) 奥深い、低俗な、率直な、するどい、公正な　c) 痛烈な、感動させるような

C. 前置詞、副詞（方位詞）

 root senseはほとんど空間内の位置や動きの方向を指し、そこから抽象的な状態へ広がっている。この空間メタファーとも言える考え方はベーシックでは極めて顕著で、しばしば抽象的なことに用いられ非常に重要である。空間位置を示す基本のat, in, onで意味の拡がりを見てみよう。

【at】広がりのない地点そのものを指す、ある事物を平面上の点として表す。

1) He is at the door / the station / the top of the mountain.
   at the head of the table（上座）
2) at church / school
3) at play（遊んで）/ work（作業/勉強中）/ rest（休息して）/war（交戦中）/ the meeting（会議中）
   at the end of the talk, at the top of the list
   good / poor at cooking（料理がうまい/へた）
   slow / quick at learning（物覚えが速い/遅い]
4) at six（o'clock）, at tea time, at anytime, at this time of the year

atは1）の地点から2）ではその場所での活動、機能に焦点は移って、この場合冠詞がつかない。3）は比喩的に広がり、活動や状態が場所であるかのように一点として捉えられている。good at... などは「料理という点

では」と考えれば分かる。4）は空間から時間という広がりの中の一点、具体的時刻やまとまった期間を指す。

【in】囲まれたある空間の中に、その範囲は2次元、3次元の場合もある。
 1) He is in the room / the town / Tokyo.
    a bird in the tree, a woman in the rain
 2) in bed / hospital / prison / church / office（在職中）
 3) in comfort（安楽に）/ danger（危険で）/ doubt（疑って）/ fear（恐れて）/ pain（苦しんで）/ peace（平和に）
    The machine is in motion / operation.（運転中）
    The balls are the same in size but different in colour.
    （大きさ、色において）
 4) in the morning, in January, in spring, in 2013, in a minute（すぐ）
    I'll be back in one hour.（1時間以内に帰る）
 5) in the dark（わからない）
    in deep water / a tight place / a hole（困っている）

1）の最初の3例は境界線がはっきりしている例だが、次のtreeとrainのではぼやけている。2) 3) 4) への拡がりはatと同じである。3) ではatと同じく比喩的に広がった例で、「容器メタファー」とも言われるように、ある状態を場所と見てその中にいるととる。この用法は

非常によく見られる。5）は全体としてメタファーになって、文字通りの意味の他にいずれもかっこ内のような比喩的意味も表す。

workについてはin work（職について）とout of work（失業して）、at work（仕事中／働いてる）とoff work（欠勤して）が対になっている。

【on】接触することから接触面という場所を表す。onの反対はoffで、上着を着たり脱いだりをput on the coat, take off the coatというように、offは接触していない、つまり離れていることを表す。

1) a ring on the finger, a picture on the wall
   There is a mark on the dress.（服にしみがついている）
   Keep the dog on a chain.（鎖につないでおく）
   Get on your feet！（立て）
   He is on his back.（仰向けになっている）
2) His name is on the list.（名簿に載っている）
   talking on the TV
   They are on my side.（味方をしている）
   on watch（見張り），The building is on fire.
3) based on the fact（基づいて）
   living on rice（お米を常食にしている）
   dependent on him（彼に頼って），
   on account of the event（その出来事によって）

go / keep on working（働き続ける），on and on（延々と）

4）on Monday, on the first of May, on Christmas

1）は全て文字通り「接している」だが、水平面の上だけとは限らない。2）では抽象的なものの接触を、3）は接していれば重力の関係から「支えられる」、「依存」を、また「ずっと通して」と接触から継続の意味に広がる。4）はat, inと同じく空間から時間への拡がり。

空間内のinと接触のonという基本的違いがベーシックではっきり身に付いていれば、比喩的に使われた次の各例の違いも分かるだろう。これも推察してみよう。

a）I have something in mind.
　　I have something on mind.
b）He was in time.
　　He was on time.
c）His works are in view.
　　His works are on view.
d）He is in my way.
　　He is on the way to school.

a）では心を空間にある容器のように考えれば、inは心の中にある、何かを抱いていることで、「考えている」になる。onは心に張り付いてしかも重力の関係で載っかかるので、「気にかかる」ことになる。b）も決められた時間内に「間に合う」のとすれすれに接しているこ

とから「時間通りに」となる。c)では彼の作品が視野の中で「見える（所に）」のと誰にでも接して見える「公開/展示されて」となる。d)のwayも道の中では「邪魔になる」が、その道に接していれば行き先に着く、つまり「…へ行く途中」となる。

　他の方位詞についても少し例を見てみよう。b)のようにこれらは動詞と結びついて使われることも多い。どのような意味になっているかこれも考えてみよう。答えは後に。

a) <u>against</u> the rule, death <u>before</u> prison, looking <u>down</u> on us, <u>from</u> every point of view, <u>off</u> the point, <u>out of</u> danger /humour /order/ work, authority <u>over</u> the men, <u>through</u> his help, <u>under</u> the discussion/ these conditions

b) 動詞と一緒に
<u>put</u> one's idea <u>across,</u> <u>keep back</u> violent words,
go to <u>see off</u> a friend, <u>come up</u> to one's hope,
<u>take up</u> the question
His name hasn't <u>come back</u> to me.
Don't <u>let</u> your eyes <u>off</u> the baby.
The secret <u>came out.</u>　　He <u>got over</u> a cold.
Price of the oil is <u>going up</u> /<u>coming down.</u>

答え
a) 反して、優先して（牢獄より死を）、見下す（ばかに

する)、あらゆる見地から、要点をはずれて、危険を脱して / 不機嫌 / 調子が狂って / 失業中、支配して、彼の助けによって、討論中 / このような状態（の元）では

b) うまく伝える、抑える、見送る、（希望に）達する、取り上げる、思いだす、目を離す、（秘密が）ばれる、回復する、値上がり / 値下がり

D. 動詞

　実際には非常によく使われているが、日常のことばの中に入り込んでいてとりたててメタファーとは意識されないようだ。The war came to an end. で戦争は時間的に推移して終結点に達する、つまり終わったことを表し、put the foolish idea into his mind ではばかげた考えを彼の心の中に入れる、つまり吹き込むことになる。動詞のメタファーについては本章4で改めて扱う。

　わずかな語数で明快な英語の第一歩を目指すベーシックは、メタファーを最大限に利用している。このメタファーの利用は教育面からも大きな利点である。つかみにくい抽象的なことを具体的な、なじみの物や動作などで表されれば分かりやすい。新しいことをすでに習ったことに結びつけ、類似と違いの関係を見つけることは語学学習で有効な方略でもある。

4) -ed, -ing などの接尾辞をつけて用法の拡大

ベーシックでは接辞としては *-ful, -ment, -ness, dis-* などは煩雑になるので避けている。使えるのは形容詞につけて反意語を作る un- で uncommon（めずらしい）, unhappy, unnatural などと副詞を作る -ly で kindly, safely などだが、これは普通英語の通りである。それにここで扱う –ed, -er, -ing がある。この -ed, -ing は約300の名前について用法を広げている。-er は player, folder のように動作をする人や物を表し、-ing は I am interested in swimming. とか Swimming makes us healthy. のようにいわゆる動名詞として共に新たな名詞となる。これらは特に問題はないので、ここでは -ed, -ing をつけて形容詞的に扱う用法について見てみよう。

　-ed, -ing は普通は動詞につくが、ベーシックでは act, move, play など動作的な語も「物の名前」となっているので、名詞につくことになる。-ed は「動作を受けている」、-ing は「動作をしている」ことを表す。detailed plan とか pleasing weather などのように名詞を修飾するだけでなく、be 動詞と結んで動詞的な働きもする。I was shocked by the news. とか He is playing the piano. など。しかしベーシックではこれらを受け身とか進行形としてでなく、形容詞として、「ショックを受けている状態」、「ピアノを弾いている状態」ととる。I *shocked* him. のように過去の動詞としては使えない。この仕組みによって少ない動詞的な表現が大幅に広がる。名詞にこれらの語尾がつくのは変だと思われるだろうが、意味上

第3章 「小さな巨人」ベーシック・イングリッシュのなぞ 59

は動詞的な名詞なので不自然ではない。

　また英語にはbottle, waterなど私たちが一般には物の名前とだけ思っているが、「ビンに入れる」とか「水をまく」など動詞的に働く語もかなりある。これらも語尾がついてbottled wine, watering the flowersのような形で使われている。be動詞と一緒の用法は本章4で見るので、ここでは名詞を修飾する用法の例を少し以下にあげる。意味は推察できると思う。

A）動詞から派生、または動詞としてもよく使われる名詞
　burning house, controlled voice（抑制された声）, heated argument（激論）, increasing interest（ますます深まる興味）, pleasing face（楽しそうな顔）, polished glass（磨かれたガラス）, shocked look（ぎょっとした表情）, shocking news（衝撃的なニュース）, the sand washed by the waves（波で洗われた砂）

B）物の名前など主に名詞として使われる語
　bottled jelly（瓶詰めの）, iced tea, poisoned meat（毒入りの）, ringed finger（指輪をはめた）, powdered sugar（粉末の）, sugared coffee, walled garden, waxed paper

　なおベーシックでは複合語は自由に作れるので大変生産的である。income（収入）, offspring（子孫）, outcome（結果）, overseas（海外の）, overtake（追いつく）, overwork, self-conscious（自意識の強い）, undergo

（経験する），upside-down（さかさま）など。動詞として使える語もある。

　-ed, -ingがついた複合語も多い、good-humoured（機嫌のよい），good-looking（容姿のよい），self-interested（利己的な），open-minded（心の広い），overpowering（圧倒的な），sharp-eyed（目ざとい），well-ordered group（秩序だった），well-noted teacher（有名な），wide-ranged plants（広範囲にある）など。

　なお先に語表のところで、性質を表す語にOpposition「対立、反対」という部類があったが、これも意味をはっきりさせるだけでなく、定義に使われベーシックにない語も次のように対立の語で表せる。

courage = opposition of fear, *inferior* = not so good, *lazy* = not hard-working, *shallow* = not deep, *ugly* = unpleasing, far from beautifulなど。

　ベーシックがどうしてわずか850語で何でも言えるのか、その謎とも言える仕組みをいくつか見てきた。現存する英語の中から最も基礎的な語を科学的に選んだオグデンは、その徹底的な削減を容易にしたことを次の5つの原則としてまとめている。
　① 一般的動詞を排除したこと。
　② その代わりに10の基本動作語と空間の位置、方向を示す語を活用した。
　③ 組織的定義にパノプティック活用図を利用した。

④ 喚情的修飾語を客体化した(できるだけ客観的記述で表す)。
⑤ メタファーの扱いにベンサムの虚構の理論を発展させた。

③のパノプティックとは「一目で全て見える」という意味で、以下にその簡単な活用図の例をあげる。

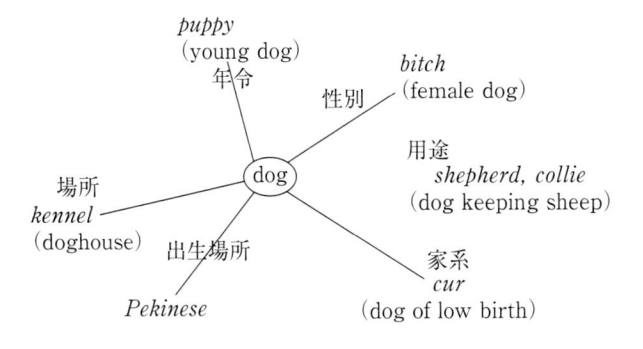

```
         puppy
        (young dog)
         年令           bitch
                性別    (female dog)

                        用途
                     shepherd, collie
 場所      ( dog )   (dog keeping sheep)
 kennel
(doghouse)
         出生場所       家系
                       cur
         Pekinese    (dog of low birth)
```

(図2)

上図はdogを中心に、それとさまざまな関係にある語を放射状の線の各先端においたものである。図で線の先端 *puppy* や *bitch* はその代わりにかっこ内の young dog, female dog と言えるから、利用範囲の狭いこれらの語は不要となる。言い換えた語はいずれもよく使われる語で働きはずっと大きい。このように各項ごとに検討していって、言い換えが出来れば、中心の語が選ばれ、先端の語は除かれるという仕組みである。

2　英語の基本動詞とは

　ベーシックの動詞を考える前に英語一般の基本動詞について考えてみよう。2章2でことばにはbasic wordsとnon-basic wordsがあることを指摘したが、この区別は動詞において非常に顕著である。普通ほとんど気付かれていないが、英語ではごく一握りの動詞が驚くほど大きな働きをしている。基本動詞と言われているが、日常生活の中で最もよく使われ、親しまれ、英語の中での核心的部分、なくてはならない一群である。ベーシックのなぞを解くのにもこれは大変重要なことである。

　基本動詞といっても一般的にどれとどれ何語と決まっているわけではない。『基本動詞24』という本も出ているし、100語近い語を指す場合もある。私は『英語基本動詞の豊かな世界』[7]で10語を取り上げた、それらはcome, get, give, go, make, put, take, be, do, haveである。これらはすべてベーシックの動詞で、しかもその中核的役割を果している。ベーシック16語はこれらの他、keep, let, seem, say, see, sendなので、ここでは上の10語にkeep, letを加えて扱う。これらの基本動詞は他の一般の動詞と異なる次のような特質を持っている。

① 長さが短い単純な語　little words

　形の上でも音韻的にもきわめて単純ですべて1音節、4文字以内である。頻繁に、繰り返し使う語が長くては不経済である。頻度と語の長さは反比例しているという

ジップの法則はすでに紹介した。これらの little words は主にゲルマン系で、それに対してラテン系の語には長く複雑な big words が多い。例えば、get に対して *acquire, obtain, procure, secure*、give には *confer, donate, provide* が、make に は *construct, manufacture, produce* などがある。

② 基礎的動作を表示

先に指摘したように、状態を表す be, have 以外の動詞はすべて人の身体を使った最も身近な基礎的動作を指す。これらは私たちの日常生活やまわりの世界の描写また概念化に欠かせない。何よりも実際に体を動かしてその意味をはっきり提示でき、感覚的に受け止められる。私たちの一般的概念、言語体系は生活の実体験に基づいているので、これらの語は比喩的意味に広がる土台としても最適である。

③ 要素的、意味の原子

一般の動詞は *buy, donate, eat, lay, manufacture, write* などと細かいことまで指定された具体的な行為を表すが、少数の基本動詞は行為の外形を大まかになぞるような純粋な動作だけを表す。上の動詞もそれぞれ大まかには get, give, have, put, make, put で言い表せる。基本動詞はすべて単純な動作だけを表す意味の原子とも言える。一般の動詞に組み込まれている動作以外の要素は他の語が動詞の外に出て表す。

④ 意味の軽さ

基本動詞は意味の幅も使用範囲もかなり広く、特定性はごく薄い。ただ主語と述部を結びつける働きに近いことも多い。意味はむしろ文中の他の語、名詞、形容詞、前置詞（句）などに依存する。次の例も主に下線部分が述部の意味を担い、かっこ内の動詞は削っても意味はほぼ通じる。

His left arm (got) <u>broken</u>.（左腕を骨折した）
Let's (take) <u>a walk in the wood</u>.
　（森の中を散歩しよう）
She (gave) me <u>a pleasing smile</u>.
　（彼女は私に愛想よくほほ笑んだ）
（Go) <u>away from the fire</u>.（火から離れなさい）
One of the eggs (went) <u>bad</u>.
　（卵が一つくさった）
I (had) <u>a strange dream</u>.（奇妙な夢を見た）
(Get) <u>out</u>!（外に出ろ）

⑤ 結びつき

　要素的で意味が軽いという③と④の特性からも、これらの基本動詞は前置詞や名詞など他の語と結びついてよく使われる。多くの一般動詞はこれら基本動詞と他の語との結びつきで置き換えが可能である。これは現代英語の顕著な特質で、ベーシックで動詞がごくわずかでも可能な要因もこの英語に内在する特性にある。

　以上あげたいくつかの特性はすべてベーシックの動詞に当てはまる。ただこれらの特性は絶対的なものではな

く、むしろ程度の問題と言える。他にも *break, bring, carry, hold, set* などこれらの特性をある程度は持っている動詞もある。普通一般には動詞は全て一括して扱われ、このような特殊な一群があるということ自体余り気付かれていない。オグデンが今からずいぶん前にこの特性をはっきり認識して、それを活用してベーシックを作ったことはすばらしいことだ。動詞の中のこの特殊な一群を徹底して習得することは極めて重要である。

3　ベーシック・イングリッシュの動詞

　英語の基本動詞の全体的な特性を見てきたが、実際にベーシックの動詞を調べてみよう。その前にもう一度語表を見て欲しい。Qualitiesの下にNO "VERBS"という欄があり、次のように書かれている。"It is possible to get all these words on the back of a bit of notepaper because there are no 'Verbs' in Basic English." つまり動詞を削除したからこそこれら全ての語が1枚の紙の片側に収まるようなベーシックが可能になったと述べている。「ベーシックには動詞がない」と言いきっている。今まで読んできてお分かりのように、これは普通一般の動詞は排除したということである。

　ベーシックの16語はいわゆる基本動詞で、他の語を操作して文を形作り、一般の動詞とは働きが全く異なる。頻度も非常に高く、文法的働きが大きく、数も限ら

れていることなどから前置詞などの機能語に類似していて、Operationsの群に入っている。その他の一般の動詞には単純な動作の他に何らかの要素が組み込まれている。理論的にもいくつかの単純な要素に分解できるわけである。そこでいったん動詞を全部排除して、それらの意味をくだいてやさしい基本的な動詞とその他の要素に分解すれば、意味もはっきりすると考えた。他の語と組み合わさって文を作る最少不可欠な基本的な動作だけを表す語を16選び抜いたのだ。

　動詞をごく少数に限定すること自体、学習上の利点は大きい。発音とか不規則の変化など覚える負担も減るが、何より動詞は文構成の要なので、どの動詞を選ぶかで文の他の要素（いわゆる目的語とか補語など）とのつながりや語順などが決まってくる。動詞が少なければ文を作るむずかしさがそれだけ減る。また少なければ、結果的に同じ動詞がいろいろな構文で用いられるのに繰り返し接し、英語のバックボーンとなるような最も重要な動詞の使用法が身につく。学習初期に少ない動詞で文の組み立てをしっかり習得することはとても大事である。

　さて16語に戻ろう。そのうちsayはput...into wordsやmake a statementなどで、seeはhave / take a look atで、sendはmake...goなどと分解しても表せる、つまり意味の原子のレベルではない。これらはなくても済むが、余りごつごつならないように入れたと説明されている。そこでsay, see, sendはさておき、ここではその他

第3章 「小さな巨人」ベーシック・イングリッシュのなぞ

の動詞を取り上げる。

16語のうちcome—go, give—get, put—take, keep—let, be—seemはその中核的意味の上で対（反対）になっている。これらは主に視点の違いによる。また一般にはgive and takeと言い、この2語が反意語ととられているが、根元の意味からはgetはbe givenでもtakeはbe givenではない。takeは主に自分の意思で何かを取り込むことで、相手の意思はあまり関係しない。なおseemもIt is true.とIt seems true.のようにbeの対語となっている。これらの動詞は非常に意味が広いため、先ずは中核の意味root senseをしっかりつかんでおくことが大切である。

be…事物の存在、語と語の結びつき
do…行為全般、行為を表す語を対象にその動作をすること
have…持っている、所有域内での事物の存在
comeとgo…空間内の移動、話題の中心に「近づく」のと「遠ざかる」
giveとget…所有関係で事物を移動、「人に持たせる」のと「手に入れる」
putとtake…事物の移動操作、「ある位置におく」のと「それを自分で取って他に持っていく」
make…事物を新たに存在させる
keepとlet…ある位置に「とどめ置く」のと「解放して、したいようにさせる」

seem…「思われる」と事実ではなく推測を

　以下にオグデンが16の動詞を絵で表したものを再録する。(*Basic English* p.56)

MAKE the paper into a hat.
HAVE the hat.
PUT the hat on the head.
TAKE the hat from the head.
KEEP the hat here.
LET the hat go.
GIVE the hat to someone.
GET the hat from someone.
GO from this place.
COME to this place.
BE doing.
SEEM to be (doing).
DO any act.

（図3）OPERATIONS

　前にも述べたが、これらの動詞は意味の幅が非常に広く、日本語の訳語が通用するのはほんの一部である。Longmanの辞書でも、takeは47項目と一番多い意味があがっている。give, have, make, putなどもいつも「与

える」、「持つ」、「作る」、「置く」という典型的な意味とは限らない。例えばgive a talk / an order（講演 / 命令をする）, have a journey / a walk（旅行 / 散歩をする）, make an attack / a decision（攻撃/決定をする）, put a question to me（質問をする）ではいずれも「する」となる。訳語だけに限定してしまっては、基本的動詞が広い意味に使えずにもったいない。これらは元の意味から展開していくつもの意味で用いられる。そこで大切なことは、先ずそれぞれのroot senseをしっかりと感覚的にとらえること。そうすればそこから比喩的に広がった意味にスムースについていける。いずれもやさしくて分かり切った語と思われるだろうが、もう一度見直してみよう。ベーシックの基本動詞の世界が見えてくると思う。なお比喩的に広がった意味の文は→で示す。

【be】（本動詞）…「存在」を表す、主部と述部の結合。
　A be Yという形で、He is there / in Osaka.のように、AはYという空間内にあることを示す。他の用法も全てこの根源的意味が広がったと考えられる。次にHe is a teacher.などの「連結」の意味を表すが、これも教師という領域内に存在する、またHe is happy. も幸せという状態の中にいるととれる。助動詞のbeも、He is playing. は遊んでいるという動作の進行中の状態の中に、She is loved by him.なら愛されている状態の中に今いると考えられる。根元の意味は形を変えても一貫し

て通っていることが分かる。

There is somebody at the front door.
（玄関のところに誰かいる）

The train is in the station.
→The train is not in motion now.（今動いてない）

The question is we are in need of money.
（問題はお金が必要なこと）

March is more than half over and spring is quite near.
（3月は半分以上過ぎて、春も間近だ）

方位詞と結んでHe is at work.（仕事をしている），at rest（休息／安心している），in trouble（困っている），in debt（借金をしている），in peaceなどそのような状態にいることを示す。また方位詞（ここでは副詞）だけでも以下のように状態を表す。

Is Mr. Smith **in**？（スミスさんご在宅ですか）

He is **out** now but will be **back** by six.
（今不在だけど、6時までには戻るだろう）

The light was **on** at that time but now it is **off**.
（その時電気はついていたけど今は消えている）

Let's be **off**.（出かけよう）

Nothing was **up** while you were **away**.
（あなたが留守の間何も起こらなかった）

The tests are **over.**（試験は終わった）

I am **down** because I did badly in the test.

（試験に失敗してがっくりしている）
I am half way **through** the book.
（本を途中までは読み終えた）

【do】（本動詞）…人の行動を表す。

I will do it by myself（私一人でします）などと使う。「する」という訳語から行為を示すどの名詞も対象にしそうだが、実際に結びつく名詞（目的語）は比較的限られている。

do a kind act（親切な行いをする）とかworkやbusinessなど仕事関係の名詞、またdo damage（損害を与える）, do a trick（ごまかす、手品をする）, do wrong（悪いことをする）, do one's best（最善をつくす）, do sportsなど。

日常的な動作の…ingとも結ぶが、その前にone's, the, some, no, muchなど何か限定する語が必要である。

do one's cleaning / cooking / painting / washingなど。
What will you do today? I have nothing to do today.
He is doing very well / badly at school.
（学校の勉強をうまくやっている / うまくやってない）
That will do for the time being.
（しばらくはそれでよい、間に合う）

「する」は全てdoと思われがちだが、実際には前にも指摘したように、makeを始め他の動詞が使われることも多い。「援助する」はgive a support,「食事をする」

はhave a meal,「要求する」はmake a requestなど。

【have】（本動詞）…所有空間内での事物の存在を表す。beと対とも考えられる。beは先に述べたように、AがYの空間内に存在するが、haveでは逆にA have YでYがAの所有、経験空間に存在しているのだから。実際A week has seven days. と There are seven days in a week. の２文、またShe has blue eyes.とHer eyes are blue. / She is blue-eyed.はそれぞれ同じ意味である。

ともかくhaveではI have a dog. で犬を所有しているように、I have a cold / a pain / an interest / knowledgeで風邪、痛み、興味、知識などを生活空間に所有していると考えられる。これらは状態だが、動作を表すこともある。have a laugh / a swim / a talk / a washなどでは笑う、泳ぐ、話す、洗うなどの動作を自分の生活空間に持つ、つまり経験することになる。haveはまた助動詞でも同じような根元の意味が見られる。He has gone. やHe has seen it. でも「行った」、「見た」という過去の動作を現在持っていることから現在完了の意味が生じている。

I don't have any money with me.（手持ちがない）

The letter has no stamps on it.（切手が貼ってない）

→I have a clear memory of the person.
（はっきり覚えている）

　Did you have a good time when you were in Paris？（楽しみましたか）

She had a pleased look on her face when she saw him.（嬉しそうな表情を浮かべた）

Nobody has any doubt that he will keep his word.（彼が約束を守ると誰も疑わない）

May I have your name, please ?
相手に名前をたずねるていねいな言い方

have a watch fixed（直してもらう），have him do the work（仕事をしてもらう），have the camera broken（こわされる）など使役としても使われる。

【come—go】

話題の中心に近づく（come）か、遠ざかる（go）移動を表す。これは視点の違いで、一般には話し手のいるところが中心となる、come here, go thereなどと。ただ相手がかかわると英語では相手を中心に考える。I'm going. は今どこかへ出かけるところだが、I'm coming. は相手の所に今行くことになる。I'll come to your house tomorrow. I'll come to the meeting with you. も同じである。

The sun comes up in the east and goes down in the west.

移動のroot senseから主語がある状態に移行することに意味が広がる。**come**では移動の最終部分、到達点に焦点がおかれるので、比喩的にも次の2〜4例のようにcome to... で時間的推移によりある状態に達することになる。

→A good idea came to my mind.（思い浮かんだ）
　The train suddenly came to a stop.
　　（電車が突然止まった）
　At last they came to an agreement / a decision.
　　（同意 / 決定に達した）
　It came to light that they were married.
　　（結婚していたことが明るみに出た）
　I came to see his point.（彼の論点が分かるようになった）のcome toやcoming summer（次の夏）、またten years to come（これからの10年）など空間移動から時間の推移に広がって未来を表すことにもなる。

　goでは出て行って出発点にはもう存在しないので「消失」の意味を表すこともあり、しばしば現在完了が使われる。
→All the money / sugar has gone.（なくなる）
　The pain has gone.（痛みは消えた）
　Winter has gone.
　go to... は移動していき、これから何か始まる意味を含む場合が多い。go to work（仕事を始める、取り組む）、go to law（裁判に訴える）、go to war（戦争状態に入る、戦争に行く）など。
　goはまた特に方向に関係なく移動一般も表す。
→How are things going？（調子はどう？）
　Everything goes well.（すべてうまくいっている）

This watch does not go.(動かない)

comeとgoの対比をいくつか見てみよう。

- The nation came into existence.(生じる)
- The nation went out of existence.(消滅する)
- Mt. Fuji comes into view.(見えてくる)
- Mt. Fuji goes out of view.(見えなくなる)
- The price of oil went up.(価格が上がる)
- The price of oil came down.(価格が下がる)

値段は下がる方が人にプラスになるので身近にくるcomeを、マイナスの方は遠ざかるgoが使われる。同じようにHis dream came true.(実現する)、Milk goes bad.(くさる)、The machine went dead.(機械が止まった)などとよい状態になる時はcomeを、逆に悪くなる方はgoを使うことが多い。その他髪がgo white / grey（白髪になる）とか、go wrong（調子が悪くなる）なども。またcomeと同様に時間的推移でI am going to do my best. などbe going to... で未来を表す。

【give—get】

自分の領域から外に出すのと受け入れることを表す。

典型的には具体物のやりとりで、He gave her the book.はShe got the book (from him).となる。対象の具体物が抽象的なことにと広がる。

→ a) He gives a cry / a jump / a laugh.

b）He gives a chance / help / his name.（名前を告げる）/ a sign（合図する）to her.

c）He gives her a bath（風呂にいれる）/a kick（ける）/ a kiss/a lift（車に乗せる）.
I gave the door a push /pull.（戸を押す/引く）
He is giving his shoes a polish.（靴を磨く）

a）は主に自分の領域（身体）から外へ何かを発する自分だけの行為である。b）は相手に対して気持ちや情報などを伝える。c）は相手または対象への身体的動作で、これらは to her, to the door などの形は取らない。

get は逆に自分の領域に何かを受け入れる、「手に入れる」「得る」ことだが、これは万能動詞とも言われるように、非常に幅広く使われている。次のa),b）のように積極的に手に入れることも、c),d）のように意思はなくて受ける、もらう時も。「100点/賞/免許を取る」などの「取る」も take でなく get を使う。

a）He got all the money through his hard work.

b）Will you get a ticket for me ?

c）What did you get for your birthday ?

d）I got an answer / a disease（病気になる）/ help.

抽象的な状態を手に入れるとは、「ある状態になる」ことである。get angry / pleased / sad / shocked / troubled など感情とか、get awake / healthy /married / old / ready や It is getting warmer. など状態への移行を

示すのに広く使われる。また同じように、他へ働きかけてある状態を生じさせることもある、get him angry（彼を怒らす）、get the room clean, get the meal ready, get the tree down（切り倒す）など。

到達する意味でget thereはその場を「得る」ことで、get nowhereはどこにも到達しないのだから「成果がない、失敗する」の意味になる。またget one's hair cut（毛を刈ってもらう）など、haveと同様に使役にも使われる。

【put―take】事物の移動を表す。

putは何かをどこかに置き、takeはそれを手で取って主に自分の領域に移す。何かは具体物から抽象的なことに広がり、その行為によってそのような状態にさせることにもなる。

put, takeは日常の生活でよく行われる物の出し入れなどによく用いられる。外出から戻り、take the key out of the bag and put it in the lock of the door、家に入ってtake off the coat and put it on the hookなどと。衣類など身につける方はput on one's hat / coat / shirt / socks / shoes / glasses / ring（ゆびわをはめる）などすべてput on、はずす方はtake offですむ。なお着ている状態なら*wear*、ベーシックではhave a coat onとかbe dressed in a coatなど、またinだけでa woman in white / glasses（白衣を着ている / 眼鏡をかけている）などとも言う。

putは前置詞などと結んで具体物だけでなく抽象的なことにも比喩的に広く使われる。次章2で詳しく扱うが、一つだけ例を挙げておく。

He put the key into the pocket.
→He put a great amount of time and money into his work.（時間とお金を仕事に注ぐ）
They put the law into effect.（法律を発効させる）

takeは自分の領域に取りいれることから心や体に何か取り入れる、受け入れることを表す、take a deep breath（深呼吸をする）/a bite of an apple（一かじりする）など。その他take a rest / a seat（席につく）/ a day off（休暇を取る）/ a suggestion（提案を受け入れる）/ a test（テストを受ける）などもある動作や状態を「取り入れる」ことになる。

→Learning English takes time.（時間がかかる）
She takes a pleasure in helping others.
（喜んで人を助ける）
I'll take this. お店などで品を選んで、これを下さいと言うような時に。

手を伸ばして取ることから、移動の意味が強くなると次のような用法になる。

I'll take these books up to the second floor.（2階まで持っていく）
Mother took the girls out.（外に連れ出す）

【keep − let】「保っておく」と「放す」

　持ったものをそのままとっておけばkeep、放せばletになる。ある状態、動作を「保持してそのまま続ける」のと、「自由にさせる」の対である。let him goの反対はkeep him from going（行かせない）になる。

　I keep my money in the bank.
　We keep milk in the icebox.
　The icebox keeps the milk cold.
　May I keep this book？（持っていっていい？）
　Keep the door shut.（閉めておきなさい）

掲示などで使う表現…

　Keep off the grass！（芝生に入るな）, Keep out.（立ち入り禁止）, Keep (to the) right.（右側通行）, Keep the change.（おつりはとっておいて、チップとして）

次に来る語によって訳語は変わっても、すべて「保つ」という意味から継続という時間的概念を伴う。

　keep Christmas（祝う）, keep cows（飼う）, keep one's family（養う）, keep house（家事をする）, keep a store（営む）, keep the record（記録をつける）, keep the seat（座席をとっておく）, keep one's word（約束を守る）

make one's room cleanはきれいにするという動作を、keepを使えばきれいな状態にしておくこと。

let は「したいことをさせる」から

My father does not let me go out at night.

I will let you (go) out.

I will let nobody (come) into my room.（入らせない）
come, go などの動詞は一般に省略される。
Let me see.「見せて」だけでなく、「えーと」とか、「ちょっと考えさせて」の意味でも使う。

Let's not / Don't let make trouble with them.（彼らと面倒になるのはやめよう）

Let me have your bag, please.「お持ちしましょう」という丁寧な言い方

【make】

何か今まで存在しなかった物を作ることから新しい状態を生じさせることへと広がる、make an answer / an attempt（試みる）/ a living（生計をたてる）/ a noise（さわぐ）/ a protest（抗議する）/ a start など。

He made a boat of wood. He made wood into a boat.
　両方とも（木で船を作る）

She is good at making coffee.（コーヒーを入れるのがうまい）

The trees make a green arch over our heads.（木々の葉が緑のアーチを作っている）

→It is hard to make money.（お金を稼ぐ）
　She will make a good teacher.（よい先生になる）

第3章 「小さな巨人」ベーシック・イングリッシュのなぞ　81

This letter does not make sense.（意味をなさない）
I will make the idea clear.（考えをはっきりさせる）
Let's make the system public.（組織を公にする）
Please make them（keep）quiet.

　最後の3例は、誰かまたは何かをある状態にすること。「彼らが静かにしている」、「考えがはっきりする」などの状態を生じさせることで、makeの根元の意味が感じられる。またThe news made her very angry. など日本語では「彼女はニュースに腹を立てた」と言うが、英語ではこのように無生物主語がよく使われる。

【seem】

　他の動詞と異なり動作は表さずに、推測するだけ。

He seems (to be) angry / healthy / a kind man / a great witer. to beは省略されることも多い。

It seems to me that there is no hope of meeting him.
　（彼に会える見込みはなさそうだ）

It seems probable that the work will be done in a week.
　（多分その仕事は一週間で仕上がりそうだ）

　haveとgive, comeとput, be / getとmakeなどの動詞によって自動詞、他動詞が対になる例を次にあげる。なおgetは自他両方に使われる。

> She had a bath.（風呂に入る）
> She gave the baby a bath.（風呂に入れる）
> The work came to a stop.（仕事が終わる）
> We put a stop to the work.（仕事を終わらせる）
> I am / get surprised.（驚く）
> I make / get her surprised.（驚かす）

　なお助動詞はmayとwillだけで、その他の助動詞が表す意味は以下のように文の内容によっていろいろな言い方が出来る。

　can はbe able toとかit is possible to... で、またmayも使える。「英語が出来る」などはHe has knowledge of reading English. とかHe is good at Englishなどでもよい。*can* not「はずがない」は、It is impossible that he has done it. などの言い方が出来る。

　must「しなくてはならない」はhave toやit is necessary for you to... で、またIt is your business to do it. などとも言える。「違いない」の意味ではI am / It is quite certain that he has got there by now.（今頃もうそこに着いているに違いない）など。*must* not「してはいけない」はYou are not to do it. とかIt is not right to do it. などで表す。

　should「すべき」はIt is certainly right to be quiet here. とかIt is only natural to... またはYou are in need of doing the work. などとも言える。

4 16語の動詞で表現が可能

　今までベーシックの動詞を説明して例文をあげてきたのでお分かりと思うが、16語だけの動詞で、どうしてベーシックは表現が可能か、ここでまとめてみよう。ベーシックでは意味内容をくだいて分析的に表すのが代表的用法だが、ここでは他の方法も含めて説明する。

　それは1) 一般の動詞の意味をくだいて他の要素と組み合わせて表す。2) メタファーを最大限利用する。3) -ed, -ingを活用するという3つの方法である。今までと重なる部分もあるだろうが、改めて詳しく見てみよう。

　なおこれらが可能になったのは、英語が近代になって分析的になったこと、また品詞転換も比較的自由になったという英語自身の際立った特質によっている。

1) 分解して表す

　多くの動詞はベーシックの基本動作語（Vb）と方向、対象、様態など何か（a）に分解される。つまり一般の動詞（V）はほとんど「V = Vb + a」となる。aの部分にくる語を品詞別に分類してその例を見てみよう。

① Vb + 前置詞、副詞（方位詞）

　a は位置や方向を表し、動詞は主としてはcome, get, give, go, keep, put, takeなど。

　alight（車などから降りる）= get off, *emit*（発散する）

= give out, *surmount*（乗り越える）= get over, *surrender*（降参する）= give up, *pass*（通り過ぎる）= go by, *explode*（爆発する）= go off, *extinguish*（消す）= put out, *raise*（持ちあげる）= put up

② Vb + 名詞
a) *a* は動詞由来の名詞（一語動詞と同形または語尾の付いたもの）、動詞は主に give, have, make, take。
approve（認める）= give an approval, *sleep* = have a sleep, *discuss* = have a discussion, *discover* = make a discovery, *breathe* = take a breath

b) *a* の名詞は特に指定はない。
promise = give one's word, *invest*（投資する）= put money（into）, *imagine* = have an idea（of）, *honour*（尊敬する）= have a high opinion（of）, *ask* = put a question（to）

③ Vb + 形容詞
動詞は主に be, come, get, make。
a) *rage*（激怒する）= be violently angry, *materialize*（実現する）= come true, *fade*（衰える）= get feeble, *mingle* = get mixed（with）, *prepare* = get ready, *rot*（くさる）= go bad（以上自動詞）

b) *bleach*（漂白する）= make white, *fill*（満たす）= make full, *clarify* = make clear, *irritate*（怒らす）= make angry, *conceal*（かくす）= keep secret（以上他動詞）

④ Vb + 前置詞句

 　aは前置詞と名詞の結びついた句、動詞は主にbe, come, go, put。

 a) *rest* = be at rest, *appear* = come into view, *decide* = come to a decision, *die* = go to one's death（以上自動詞）
 b) *fulfill*（果たす）= put...into effect, *earn*（稼ぐ）= get...for work, *kill* = put...to death, *forget* = put...out of mind, *endanger*（危なくする）= put...in danger（以上他動詞）

⑤ Vb + 副詞（句）

　副詞は①の方位詞とは異なり主に様態を表し、形容詞に-lyをつけたものが多い。動詞はどれでもよく、その広い意味を限定する。

 　assemble（集まる）= come / get together, *accelerate*（加速する）= go more quickly , *hurl*（強く投げる）= send...violently, *grab*（掴みとる）= take...roughly

　以上のVb、基本動詞は全てベーシックで、多様な動詞の意味を分解して表していることが分かったと思う。もちろん普通英語でもこのような複合的な表現はよく用いられているが、余り気づかれていない。言語は表に現れることばの裏に意味を隠す傾向があり、*ask*や*want*などの虚構の動詞よりput a questionとかhave a desire forの方が事実に近い意味を表していると指摘する学者

もいる[8]。上の例のうち頻度も生産性も最も高い①と②のa) についてもう少し詳しく見てみよう。

① Vb＋方位詞

　一般の動詞は今見てきたように基本的動作とその他さまざまな構成要素に分解されるが、オグデンは先ず方向性を引き出した。ベーシックの「基本動作語＋方位を示す語」で約4,000語の一般動詞を言い換えられると言われている。この表現こそベーシックの基本動作思考、方位思考を表している。私たちは先ず身の周りにおける物や人の位置や移動を言い表そうとする。そしてベーシックではそれらをはっきり言い表すことができるようになっている。

　基本的動詞は意味の幅が非常に広く、イメージも余りはっきりはしない。これを補って、よりはっきりさせるのが方位詞で、それらと結ぶことでより具体的なイメージがつかめる。

　ベーシックのこの用法は、普通英語でもいわゆる句動詞として、しかもその核心的部分として日常よく用いられている。特に口語体、アメリカ英語で好まれている。一般でもこの結合に頻繁に使われる動詞はcome, get, go, give, keep, makeなど、また結びつく前置詞なども、最もよく使われるのはup, out, on, in, off, downなどベーシックの語である。限られた語数のベーシックでこの結びつきの基礎的な部分に慣れて使い方をしっかり身につ

けておくことは、後に普通英語に移っても大変有効な勉強になる。*extinguish*（火などを消す）, *interrupt*（口を挟む）など大げさな堅苦しい感じの動詞より put out (the light), put in(a word) などの方がくだけた、力強い感じがする。

幼児の母語獲得でもこれら句動詞の方が一語動詞より早いと言われている。これらの概念は幼児が物を理解し、空間認識、つまり空間における物の関係づけを習得する最も基本的なものであろう。自分でも動作できる身体性、そして目の前の空間内での位置、方向に基づいているので視覚的、感覚的にその意味は把握しやすい。

英語ではよく用いられているが、これらの結びつきは外国人学習者にとってはどうだろうか。日本人にとってイディオムとして覚えるより一語の方がやさしいと考えられるようだ。しかしこれらの多くは丸覚えするイディオムではない。最初に各語の根元の意味をしっかりつかんでおけば、そこから類推が容易なものが多い。

前にも述べたが、この結びつきは近代英語そのものの、一つの特質である。英語は17世紀以降このような分析的傾向が強くなった。ただこの分析的用法は前にもふれたが、どの言語でも用いられるわけではない。英語では *ascend, descend, traverse* という一語動詞と共に go up, go down, go across という分析的言い方があるが、フランス語では monter, descendre, traverser という一語動詞だけである。その他ラテン系の言語にはほとんど

このような分解的言い方はない。日本語でも「上る」、「降りる」、「横切る」など方向に関しては一語動詞だけである。

タルミーは言語には2つの類型があると指摘した[9]。英語のようなゲルマン系では方向など経路を示す語を動詞と別の語として外に出すのでnon-path language、ラテン系の言語、それに日本語、韓国語など動詞の中に経路が含まれているのをpath-languageと称した。英語の中の*enter, ascend*など方向を含む動詞はほとんどラテン系の借入語である。

逆に英語では様態を表す場合は*ramble / stroll / wander*（ぶらぶら歩く）とか*stagger, totter*（よろよろ歩く）など一語で表すのでmanner-languageと言われている。日本語ではかっこ内のように別々に表す。ベーシックなら「ぶらぶら…」はwalking aboutとかwalking from place to placeと、「よろよろ…」はwalking with feeble/uncertain stepsなどと言える。

まずgoと方位詞との結びつきを見てみよう。文脈によってさまざまな一語動詞の代わりをする。//の印はまとまった意味の切れ目を指す。日本語の訳語もそえておく。

 go across = *cross, intersect, traverse*　横切る
 go after = *follow // chase, pursue*　後を追う、追跡する
 go away = *leave // disappear // disperse // quit //*

withdraw 立ち去る、なくなる、散る、止める、引っ込む

go back = *return* // *recede, relapse, retreat, retrogress* 戻る、後退する

go by = pass （そばを）通り過ぎる

go down = *descend, sink* // *subside* // *fall, founder* 下る、おさまる、くずれる

go in = *enter* // *invade* // *interfere, intrude, meddle* 入る、侵入する、干渉する

go into = *enter* // *penetrate* // *begin* 入る、しみこむ、始める

go off = *depart* // *burst, explode* // *fail* 立ち去る、爆発する、止まる（電気など）

go on = *advance, proceed* // *continue* // *progress, develop* 前進する、続く、進歩する

go out = *leave, depart* // *be extinguished* 出ていく、（火などが）消える

go over = *cross* // *jump, leap* // *examine* 渡る、飛び越える、調べる

go through = *traverse* // *permeate* // *endure, suffer* // *peruse* 通り抜ける、行きわたる、（苦しみなど）経験する、詳しく調べる

go under = sink // fail （船などが）沈む、失敗する

go up = *ascend, climb, mount* // *rise* // *increase* 登る、上がる、増加する

goのような基本的動詞は意味の幅がとても広いが、方位詞と結ぶことで意味の焦点がはっきりしてくる。一語動詞の中では隠れていた方向という要素が分解的言い方ではっきり見えるようになる。

方位詞との組み合わせは一般の動詞にもよく見られる。次にあげる例では基本動詞を使った場合と意味はほぼ同じで、ただ特定の動詞によって動作の様態が加わっている。この場合もやはり前置詞や副詞の方が全体の意味には大きくかかわっている。ベーシックならどの動詞を使うだろうか、かっこに入れてみよう。

Details *leak* out. もれる（　　　　　）
Blow out the fire.　［吹き］消す　（　　　　　）
Hold off the decision.　延期する　（　　　　　）
Carry on working.　続ける　（　　　　　）
Hold back the secret.　抑えておく、隠しておく
（　　　　　）
dig / inquire / look into the event　調べる
（　　　　　）

答え
come, put, put, go / keep, keep, go

同様にoffがつくと「取り去る」という意味を表すが、take以外にさまざまな動詞が使われる。
　a) *break* off（切り離す）, *burn* off（焼きとる）, *bite* off

(噛み切る)、*chop* off(切り落とす)、*knock* off(たたき落とす)、*nip* off(摘み取る)、*pull* off(引っ張って取る)、*rip* off(はぎ取る)、*rub* off /*scrape* off(こすり取る)、*wipe* off(拭き取る)

b) *brush* off(ブラシで)、*cut* off(刃物で)、*saw* off(のこぎりで)、*snip* off(はさみなどで)、*plane* off(かんなで)

take offは元々ある物の一部を「取り去る、離す」という意味だが、a)ではどう取り去るかその様態を、b)では使用する道具が示されている。いずれの場合も「取り去る」という動作の意味はoffが表し、動詞はむしろ副詞的に様態や道具を付け加えるという逆の現象が見られるのは面白い。一般の動詞が基本的動作以外にさまざまな要素を含んでいることが分かると思う。ベーシックなら「噛み切る」はtake...off with teeth, biting off、「ブラシで払い取る」はtake (dust) off with a brushなどと表す。

ベーシックでも異なる動詞が同じ方位詞と結んで同じ意味を表す場合がある。

give / put / take back the books to...（返す）
go / come / get down（下りる）
get / let / put / take down the bag（下ろす）
get / put / take down one's name（書き留める）
be / get / go / make / take off（立ち去る）後の2つは「急いで」の意味が加わる。

get / put / take out the table（持ち出す）

逆に一語または複数の動詞に異なる方位詞で同じような意味を表す場合もある。

get / go away / off / out（出ていく）

get over / through the hard time（乗り越える、切り抜ける）

go into / over / through the question（よく調べる）

get / put across / over one's idea to...（伝える）

「書きつける」はput down, take downなどの他 *jot, note, set, write* などにdownをつけても同じような意味になる。またput / *switch* / *turn* on the lightはいずれも明かりをつけることになる。方位詞が意味の上で大きな働きをしていることが分かる。なお上の2,3 番目の例のような自動詞、他動詞の対をもう少し見てみよう。

自動詞はgo, comeだけで、give, let, make, put, takeは他動詞、get, keepは自他両方に使える。

| get into the taxi（乗る）
| get them into the taxi（乗せる）
| keep away from the fire（遠ざかる）
| keep them away from the fire（遠ざける）
| The fire went out.（火が消えた）
| We put out the fire.（火を消した）
| His book went out.（本が出版された）
| He put out his book.（本を出版した）

同じ組み合わせで異なる意味をもつ場合もあるが、文

脈から分かる。例えば、go through the holeなら「通り抜ける」、go through the letterなら「終わりまで目を通す」となる。

② a) 基本動詞＋名詞（主に動詞派生の名詞）

　動詞はgive, have, make, takeが代表的で、名詞はlook, runのような動詞と同形、またはknowledge, selectionなど語尾がついたものでもよい。give a laugh, have a look, make a discoveryなどとなる。①の方位詞との結びつきと同様に実際には普通英語でもよく用いられているが、この方はそれほど注目されていない。ここでの動詞はlight（意味が軽い）verbとかdelexical（語彙自身の意味がない）verbとか呼ばれ、日本語でも「軽動詞」などと称されている。この用法も動詞の少ないベーシックでは非常に便利である。先ずベーシックに訳された小説 *Pinocchio* の一部を見てみよう。

"Have a look at me," said the Fox, "My leg was damaged by working hard at school." At that minute a white blackbird on a tree by the road gave a cry. "Pinocchio, don't give any attention to what these bad animals say!" But before he had time to say "Oh!" the Cat had made a jump, and in two or three bites he had put an end to the poor bird. Pinocchio was shocked at the Cat's behaviour, but the Fox suddenly put a question to him. "Why don't you <u>make a good use</u> of your money? Its value might be increased five or…"

次に普通英語の文を取り上げる（K. Ishiguro の *The Remains of the Day* より）。

'My goodness, Stevens. You <u>gave me a shock</u>. I thought things were <u>hotting up</u> a bit there.' 'I'm sorry, sir. But as it happens, I have something to convey to you.' 'My goodness, yes, you <u>gave me quite a fright</u>.' … I did, I suppose, hope that she might finally relent a little and <u>make some response</u> or other. …Miss Kenton, however, simply looked at me sternly and said; 'I still <u>have every intention</u> of <u>handing in my notice</u>, Mr. Stevens.'

ピノキオの文の下線部も一語動詞を使えば、上から look, cried, attend（「注意する」の意味では文中の方が普通）、jumped, ended, asked, use well となる。Ishiguro の文では shocked, frightened, respond, intend となる。

なお波線部の hotting up（事態は激しくなってきた）は比喩で、最後の handing in my notice は「辞表を提出する、手渡す」と hand を動詞的に使った例。

一般にはあまり気付かれていないが、普通英語でもこの用法はかなり見られる。ただ特に小説などでは作者の好みもあり、Ishiguro はよく使う方である。

私自身、初めベーシックでよく見るこの結びつきに興味を覚えて、一般の英語ではどうかと調べてみたが、実際一般にもかなりよく用いられていることが分かった。小説、学術書、新聞雑誌など、広い分野の普通の英文からこの結びつきの例文を3,000以上集めて分析し、それをまとめたのが『英語基本動詞の豊かな世界』である。コーパスの分析結果も同じことを実証している。それほど注目はされてはいないが、近代英語の顕著な特徴であり、実際にもよく用いられている。

　動詞はいずれも意味はきわめて薄く、「軽動詞」という名称はそこから来ている。全体の意味は先の方位詞と同様に結びつく名詞が担っている。これら名詞は動詞的意味を表すが、ベーシックにはこのような名詞が非常に多い。つまりこの用法に適した語が多く用意されていると言える。「動詞＋名詞」で意味はその名詞が派生した元の一語動詞とほぼ同じである。make a discoveryは動詞の*discover*と、take a breathは*breathe*と同じ意味である。

　これはメタファーの一種と考えられる。目的語が具体物から動作や出来事に移っても動詞の元の意味は、軽くても残っている。giveは何かを相手に渡すことで、give her a bookからgive her a kiss / a blowと広がる。またhaveは何かを所有することで、have a dogと同様have a restで休息の状態を所有することになる。make, takeもmake a boxからmake an attempt / changeへ、take her hand から take a breath / a step (forward) / a swim などとなる。動詞ごとに代表的な例を見てみよう。

【give】

　自分の所有域から何かを移す、モノからコトへと広がって、その行為や状態を表す。

a) 自動詞として、内より外に何か発する、口頭、身体動作など。

　　give a cough（せきをする）/ a laugh / a smile / a sneeze（くしゃみをする）

　　give a wave of one's hand（手を振る）

　　give a shake of one's head（首を振る［否定の意味］）

b) 他者への動作、すべて身体接触（to... の形はとらない）。

　　give him a bite（かみつく）/ a blow / a kick / a quick look（さっと見る）

　　give one's hair a brush / a comb

　　give his arm a twist（彼の腕をひねる）

c) 他者、多くは人に感情、情報、意思を伝える。

　　give him comfort / pleasure / a shock / trouble

　　give them an answer / an order / a talk（講演をする）

　give には a) のように主に人が身体内より音や表情、動作を放出する目的語一つの場合もあるが、多くは b),c) のように対象（動作、出来事や感情など）を渡す受け手がいる。文の型は２つある。X gives Y to Z（to NP型）と X gives Z Y（OO型）で、上例の b) で直接接触を表す時は一般に OO 型を使うが、c) ではどちらも

可能である。それは、b) では接触の動作をするので、ZとYの関係はc) より密接だからである。toは距離感があり、近い関係のものはことばの上でも近くに位置するという原則があるから。

【have】

空間内で何かを所有する、モノからコトへと広がって動作、経験を所有することを表す。

a) 自分の身体動作という経験、一まとまりの完結した動作を示す。

have a bath / a drink / a fall(転倒する)/ a good laugh（思い切り笑う）/ a rest / a sleep / a swim / a walk

Let's have a look at the pictures.

I'll have a drink of cold water.（冷たい水を飲もう）

b) ことばによる相互活動、知的状態、感情、意思表示を示す。

have a discussion / a talk（おしゃべりをする）

have a belief（in）/ doubt（about）/ a good grip of the idea（よく把握する）

I have a great respect for the teacher.

I have a disgust for him.（彼に嫌気がさす）

He seems to have no regret about the past.（過去のことは後悔していないようだ）

I have a strong desire to see her.（彼女にとても会いたい）

【make】

何かを新たに存在させる、モノがコトへ広がり新しく出来事、状態などを生じさせる。

a）身体動作では、出現や退去、攻撃など。

make a flight（飛行する）/ a move（動く / 出かける）/ a stop（停車する / 立ち寄る）

We made an attack on / against them.（攻撃する）

b）知的活動、伝達行為

make a discovery / an error / observations（観察する / 意見を述べる）/ a test（検査する）

make a statement（about）（陳述する）/ a protest（against）（抗議する）/ a suggestion（提案する）

c）意思表示

make an agreement(with)（同意する）/ an attempt to…（しようと試みる）/ a decision / a selection（選ぶ）

I made an offer to go there for him.（彼の代わりに行くと申し出る）

He made no request for money.（お金を要求しない）

d）関係表示

make a distribution(among)（分配する）/ a division (between) / a payment（支払う）

makeとの結びつきはよく使われるが、名詞は動作より抽象概念を表す語尾のついた語が多い。それらの意味内容から小説などより学術書などによく見られる。

【take】

自分の領域に何かを取り込む、モノがコトに広がった用法。

a) 身体動作

take a bath / a bite（一かじりする）/ a drink / a look / a rest / a swim / a walk

I took a semll at the flower.（花の匂いをかぐ）

これらはhaveと共通で使われるが、takeはアメリカ英語でより好まれている。

またtakeは「自ら取ってきて」という積極的な意味合いから、例えばhave a sleep / a dreamはよいが、自分の意思ではどうにもならないのでtakeは使わない。またThe baby had a bath. もtakeではおかしい、赤んぼうは自分で風呂には入れないから。動詞の意味が軽くなってはいるが、そのroot senseは残っている。

以下はtakeだけが使われる、take a breath / a grip (on)（握る）/ a step forward（一歩前に進すむ）など。have a grip ofでは「理解している」の意味になる。

b) 意思行為など

take care of / control of（掌握する）/ note of（注目する）/ notes of（メモをとる）

一語の動詞がこの言い方によって違いをはっきり示すこともある。

give a cry / laugh（思わず）叫び声、笑い声を発する
　瞬間的、無意識のことも

have a good cry / laugh（思い切り）泣く、笑う

同じ名詞でも動詞が異なると違う意味になることもある。

give a talk on the question（その問題について講演をする）

have a talk with her（彼女とおしゃべりをする）

give no thought to the news（知らせを考慮しない）

have no thought of doing it（するつもりはない）

take no thought of one's dress（身なりを気にしない）

　ベーシックでは確かに動詞が極端に少ないので、この結びつきはとても有効である。しかし普通英語では一語動詞で済むのになぜこのような結合が選ばれるのだろうか。
① 名詞の方が動詞より修飾がより自由で、次例のように修飾語句がつく場合が多い（ある資料では約70%）。

We made an **important** decision.

　［動詞 *decide* ではこの意味は表せない］

He gave the door **another good** push.（もう一度強く押す）

He took a **deep** breath.［この用法ではbreathにはほとんどdeepが付く］

② 統語上、受け身や文中の要素になることができる。

No answer was given to us.

With every discovery I make, I am surprised.
　（新しい発見をする度に驚いている）

③ 情報構造上、述語部分が長くなり、文のバランスが

よくなることがある。
a) They rested. He pushed it.
b) They had a rest. He gave it a push.
上の2つの文では、a) よりb) の方がおさまりがよい。

この形が一語動詞と全く同じとはならない場合もある。walk など動作を表す場合、have a walk と名詞には不定冠詞がつき、動作の一回性を示し、また目的がはっきりしているとか時間が限定されている時などは使えないという条件もある。

2) メタファーの利用

ベーシックでは全般的にメタファーがよく利用されていることはすでに説明した。ここでは動詞のメタファーについて見るのだが、これは文の中に入り込んでいるのでそれとは気付かれないことも多い。ただ実際には非常によく使われている。すぐ前に扱った名詞との結合 give her a kiss なども動詞のメタファーである。普通英語でもよく見られるが、動詞の少ないベーシックでは意味を広げるのにメタファーはとりわけ多く見られる。

He has gone.（行ってしまった）から The pain / summer has gone.（痛みが消えた / 夏が過ぎた）へ、They came to Japan. から The news came to my ears.（ニュースが耳に入った）とか The war came to an end / a stop.（終わる）などへ。get money で物を手に入れることから get reward（報い、報酬）/ support（支持）、get angry / tired などへ。make a table から make friends / history / a noise などへ、take money from him でお金を手に入れることから take care / the chance で世話を引き受けたり機会をとらえることに広がる。

　これら基本動詞は方位詞をつけた、いわゆる句動詞としても比喩的に使われることが多い。そこで put でその例を見てみよう。put は元々 A put X in (to) / on / to... Y など A（人）が X（具体物）を空間内で移動させて Y という位置につかせることである。場所を表す方位詞自身も比喩的に使われて全体として「ある状態に移行させる」となる。意味の上で方位詞が大きく働くので、さまざまな方位詞と結んで空間内の位置移動から比喩的に使われる例を以下にあげる。

　put the letter before him
　→ put one's family **before** work（仕事より家庭を優先する）
　put the table forward
　→ put a new theory **forward**（新しい理論を提案する）
　put the key in /into the pocket
　→ put Japanese **into** English（和文を英訳する）
　　put the machine **into** motion（機械を作動させる）
　　put one's heart **into** work（仕事に熱中する）
　　put the feeling **into** words（感情をことばで表す、語る）
　put the picture on the wall
　→ put a tax **on** land（課税する）
　　put a high value **on** training（重視する）

第3章 「小さな巨人」ベーシック・イングリッシュのなぞ　　103

　　put a limit **on** the use of money（制限する）
put her off at the stop（下ろす）
→ put **off** the meeting（延期する）
　　決まった日時からoffの「離す」の意味で延期に。
put out the tongue
→　put **out** a newsletter（発行する）
put the cat out of the room
→ put everything **out of** one's mind（取り去る、忘れる）
　　put thread through the eye of the needle
→put him **through** trouble（困難にあわせる）
　　put the undertaking **through**（その企画を成し遂げる）
put a match to the cigarette（火をつける）
→ put a question **to** the teacher（質問する）
　　put an end/a stop **to** the war（終わらす）
　　put one's knowledge **to** good use（知識を役立てる）
put the boxes under the bed
→put the baby **under** her care（世話してもらう）
put the papers together
→put things **together**（事態をまとめる）

　動詞のputだけでなく、方位詞も全て比喩的にある状態へ移行させる意味になって用いられている。オグデンはこのようなメタファーについて、put out of dangerはイディオムとして難しいと感じるかもしれないが、put out of schoolと同様にdangerも空間内の物、場所であ

るかのように扱えば容易だと述べている。

　これらの基礎動作語、例えばputを「置く」とだけ覚えてしまってはごく狭い範囲にしか使えなくてもったいない。実際には、特に方位詞と結んで比喩的にもずいぶん幅広く使われているのが上の例からも分かるだろう。例にあげた動詞以外にも比喩的な用法は多い。seeも実際に目で「見る」よりDo you see？ I see.とかI don't see your point.など比喩的に「分かる」という意味での用法の方が多い。grip, *grasp*など「つかむ」という意味の語も、I have a good grip on ／ of his design.（彼の意図はよく分かっている）など「分かる、理解する」と言う意味に広がる。twisting one's leg （脚をひねる）　もtwisting the fact（事実を歪曲する）と意味は広がる。

3) -ed,-ingの接尾辞の活用

　この-ed, -ing付きの用法についても先に説明し、buttered breadのように名詞を修飾する例を見たが、ここではbe動詞と一緒にも使われ、動詞的意味を表すものを扱う。washは動詞の用法が主だが、ベーシックでは「洗うこと」という名詞として入っている。I *washed* the baby.のように動詞としては使えないが，以下のような形で使われる。

　① He is washing his face.
　② The sand was washed by the wave.
　③ Washing the windows is an uninteresting work.

第3章 「小さな巨人」ベーシック・イングリッシュのなぞ　105

④ Washing the clothing, I saw a mark on the cloth.
⑤ They keep the linen washed clean.

　①と②は進行形と受け身だが、ベーシックでは-ing, -edがついて「洗っている状態」、「洗われた状態」と形容詞として扱う。③は動名詞、④は分詞構文、⑤は形容詞的用法である。ベーシックではそのような細かい分類には学習の初期には触れない。ベーシックでは動詞的意味の語も名詞になっているので-edや-ingをつけることは不自然と思われるかもしれない。ただしこれによって動詞的表現が大幅に広がり、少しの動詞で何とか自然な英語表現ができるようになっている。またなじみの動詞がないことが、これによっても救われると言われている。

　さらにこれらを形容詞ととれば、さらにun-,-lyをつけて untroubled, uncontrolled, undoubtedly, surprisingly, unchangingly（変わらずに）などと用法が広がる。なお *cook, end, touch* など動詞にはun-はつかないが、-ed, -ingをつけて形容詞にすると、un-がつく。uncooked（料理してない）, unending（果てることのない）, untouched（手をつけてない）なども使える。

　これらの語尾がつく約300語は、動詞と同形のact, swim, workとbutter, waterのように主に名詞のものと2種類ある。要するに普通英語で-ed, -ingの語尾がつくような語には付けられると考えればよい。

（A）本来動詞が名詞化したもの、または動詞としての

用法もあるもの。

　動作を表す burn, exchange, rub、感情を表す fear, love, regret、状態を表す limit, rest, taste などいずれも動詞と同形のまま名詞化したものに限る。agreement, discovery など語尾の付いた名詞にはこれ以上 -ed, -ing はつかない。例をあげるが、意味はほとんど推測できるだろう。

　answering the letter, attacking the army, cooking the meal, controlling the boys, forcing them to go（強いて行かせる）, kicking the door（戸をける）, pulling the cord,

　reasoning clearly（明快に論じる）, tricking the friend（友人をだます）

　He is wasting his money on little things.
　（つまらないことにお金を浪費する）

　The boy is pulling the cat's tail.（猫の尻尾を引っ張る）
-ed がつくと受身的な意味になる。

　The question was not answered.

　The house was completely burned.（全焼する）

　He was shocked to see her letter.

（B）本来は主として物の名前だけれども動詞としても使われる語に -ed, -ing をつける。英語では動詞の名詞化だけでなく、water が「水をかける」のように動詞化したものもかなりある。次に普通英語の小説などの中で名詞が動詞化して使われている例をあげる。

第3章 「小さな巨人」ベーシック・イングリッシュのなぞ　107

She underlined a detailed plan that's fascinating.
（概略を述べる）（詳細に及ぶ）

The secret Service had to bring bottled water to guard against poisons.（ビンに入った）

"Your earnings," Fred exclaimed, fishing his pocket for a handkerchief and not finding one.
（〔魚を釣るように〕探る）

He handed me some coins in return, which I pocketed.（手渡す）（ポケットに入れる）

（A）は主に動詞として用いられる語だから意味上の問題はないが、（B）では元の名詞はほとんど物の名前で動詞的な意味がない。そこにどのような動作的な意味が加わって動詞的に使われるのだろうか。またその中で元の名詞はどのような役割を果たすのだろうか。具体物を表す語はその名詞と動作との関係が比較的はっきり分類できる。その関係は多様で興味深いので以下にそれらをまとめてみた。Nはbutter, buttonなど-ed,-ingが付くものを表す。

① put N on / in X（NをXにつける/中に入れる）など
　on ― buttoning the shirt, numbering the door（番号をつける）, oiling the machine（油を注す）, salting the potatoes, watering the flowers
　in ― piping the house（配管をする）, sugaring the coffee

through ― threading the needle（針に糸を通す）
　　across ― bridging the river
　　over ― flooring the room（床張りをする）
② put X in / on N（①とは逆にXをNに入れる、おく）
　boxing the cards（箱に入れる），listing the names（リストに載せる），
③ take N off / from X（NをXからとり除く、Nは通常好ましくない不要なもの）
　dusting the table（ほこりを払う），boning the fish（骨を取る），stoning the fruit（種を取る）
④ do something with / in N（Nは道具, 材質などでそれらを使って何かする）
　（Nは道具）combing / brushing the hair, hammering the nail, ironing the shirt, pinning the papers（ピンで紙を留める），ploughing the field（スキで畑を耕す）
　（Nは体の一部）eying the letter（見つめる），thumbing the pages（親指でめくる）
　（Nは材質）corking the bottle（コルク栓をする），pasting two pages together（糊で張り合わす），soaping one's hands（石鹸で手を洗う）
　（Nは場所、そこにかかわる何かする）farming / gardening in the country, landing from a ship（上陸する），marketing the goods（商品を市場に出す），staging the play（上演する）
⑤ act like N（Nのような動作、または形をする、メタ

ファーとして)

clouding the fact（ぼやかす）, facing the trouble（直面する）, harbouring the poor man（かくまう）, threading one's way（かき分けて進む）, skirting round the town（ぐるりと囲む）, the cat is arching its back（背中を弓のように丸める）

　-ed, -ingがついても、その意味は元の名詞からほぼ推察できるが、上に分類したようにその意味関係は非常に多様化している。ベーシックでは先のgive a cryなどと同様に名詞として入っている動詞的意味の語を上手に使って豊かな表現を可能にしている。またここでも品詞転換がかなり自由という英語の特質を上手に利用している。この仕組みには批判もあるが、これによって余り回りくどくなくすっきりした言い方になり、また多様な表現が可能になっている。さらに将来、普通英語に移行する時に、この用法で多くの動詞になじんでおくことは有利だと指摘されている。

5　方位詞（前置詞、副詞）の働き

　ベーシックで基本動詞と並んで非常に大きな働きをするのがこれらの語群である。今まで、特に「Vb＋前置詞、副詞」の所で動詞と結んだいわゆる句動詞として扱ってきたし、いろいろな例も見てきた。それ以外のも

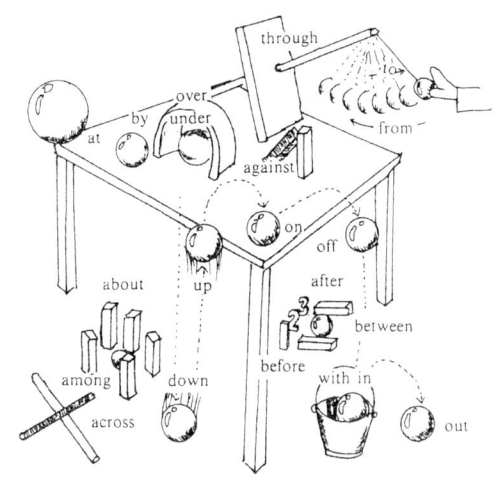

(図4) **DIRECTIONS**

AT	The ball is *at* the edge of the table.	WITH	The black brick is *with* the ball.
FROM	The ball is going *from* the hand.	AGAINST	The black brick is *against* the white brick.
TO	The ball is going *to* the hand.	ACROSS	The black rod is *across* the white rod.
AFTER	3 is *after* 2.	AMONG	The ball is *among* the bricks.
BEFORE	1 is *before* 2.	ABOUT	The bricks are *about* the ball.
THROUGH	The ball is *through* the board.	DOWN	The ball is *down*.
BETWEEN	The ball is *between* the bricks.	UP	The ball is *up*.
UNDER	The ball is *under* the arch.	ON	The ball is *on* the table.
OVER	The arch is *over* the ball.	OFF	The ball is *off* the table.
BY	The ball is *by* the arch.	IN	The ball is *in* the bucket.

OUT The ball is *out* of the bucket.

のも含めてここで復習も兼ねてよく使われる方位詞をいくつか見ておこう。これらは動詞と同じように意味の幅が広いので、まず各語のroot senseをイメージとしてしっかりつかんでおこう。位置や方向を表す20語について、オグデンは前頁の図を示している。
(*Basic English* p.62)
その図でそれぞれの根元の意味がイメージとしてつかめると思う。また図からも分かるように、inとout, onとoff, overとunder, upとdownなど対になっているものが多い。

　方位詞の中には前置詞、副詞がある。away, back, forward, outは副詞、across, after, against, among, at, between, from, to, withは前置詞として、about, down, in, off, on, over, upは両方に使われる。ベーシックでは余り細かい区別はしないが、文中のつながりを見てみよう（副詞をadv、前置詞をprep、名詞をnとする）

	自動詞	他動詞
a) V + adv	go away come back	take the cat away take the book back
b) V + prep + n	go into the house	put the cat into the house
c) V + prep + n 　 V + adv	go down the street come down	take the card off the wall take the coat off take off the coat

　c) のdown, offは両方に使える。down the street、off the wallなど名詞の前のは前置詞、単独のは副詞である。前置詞は必ず名詞の前にくる。他方、offなど副詞

はどちらにもおける。ただtake off the coat I got in Franceのように名詞が長い時は前に、take it offのように代名詞で短いとoffは必ず後に来る。英語では原則的に文末に重点をおくためである。

　以下に方位詞のうちいくつかを取り上げて例をあげる。もう一度見直してみよう。比喩的な意味でもよく使われるのでその例文には→をつけた。元の意味から広がった意味は分かると思う。

【in─out】中へと外へ
He is **in** the hospital now but will get **out of** it before long.
in　ある場所の中に、ある状態の中に
　　She is waiting in the rain.
　　get / take in the washing（洗濯物を取り入れる）
　　→ She is in danger / debt（借金がある）/ doubt（疑って）/ pain（痛んで、苦しんで）
　　She is in love with him.
　　The girl is in fear of a high place.（高所が怖い）
into　中に入る、始める
　　The soap got into my eyes while I was washing my hair.（石鹸が目に入った）
　　→ get into an argument（言い争いになる）/ a fight（殴り合いになる）/ trouble（面倒なことになる）
out　ある空間から外に、前置詞としてはout of

第3章 「小さな巨人」ベーシック・イングリッシュのなぞ　113

1) 外に（出ていく）
　Let's go out for a walk.（散歩に出かけよう）
　Don't let out the bird.（鳥を逃がすな）
　→ Don't let out a secret.（秘密をもらすな）
　　The fire was out.（消えた）
　　put out the fire with water.（水で火を消す）
2) 外に（出てくる）、現れる、出版、判明して
　The clouds went away and the sun came out.
　Flowers came out.（咲き出す）
　Trees are putting out new leaves.
　→ Everything came out as mapped out.
　　（すべて計画通りになった）
　　He put out the book. The book came out.
　　（出版する、される）
　　I don't make out what he said.（分かる）
3) どこかから外に（出て）、ある状態から抜け出て
　go out of the building. get out of a taxi（降りる）
　Get out of the way !（[邪魔にならないよう] どけ）
　→ get out of debt / danger / trouble（借金、危険、困難から抜け出す）
　　We are out of oil.（油がない）
　　The book is out of print.（絶版）

【on−off】「接触」と「分離」
It has been raining **on** and **off** all day today.

（今日は一日中降ったり止んだりしていた）

on

1) 接触して、基づいて

There is a dirty-looking mark on the coat.
（上着に汚いしみがついている）

She put the tray on the table.

→ The government put a tax on everything.

The office is on the fifth floor.（事務所は5階）

→ The theory is based on our experience.
（その理論は私たちの経験に基づいている）

She is dependent on her daughter.
（世話になっている）

2) 続けて、より先へ

→ She went on playing the piano for two hours.
（弾き続ける）

Keep straight on till you get to the turn.
（曲がり角まで真っすぐ行きなさい）

As time goes on, she gets used to her pain.
（時間がたつにつれ痛みに慣れてくる）

later on（後で），from now on（今後ずっと）

off

1) 離れて、取れて

The paint came off the wall.（ペンキがはがれ落ちた）

The top button of his coat came off the coat.
（コートの一番上のボタンが外れた）

Take off your shoes when you go into a Japanese house.

The airplane will take off before long /in a short time.

（飛行機は間もなく離陸する）

Don't take your eyes off the baby.

（赤ん坊から目を離さないで）

Keep your hands off !（手を触れるな）

2) 休止して、切れて

→ Did you put off all the lights ?

take / have a day off（一日休む）

He is off work now.（休んでいる）

Let's put off the meeting till later.

（集まりは後まで延期しよう）

3) 放って、爆発して

The kettle is giving off steam.

→ The gun went off in error.（銃が間違って爆発した）

offhand（即座に）, off-limits（立ち入り禁止）, off-stage（舞台裏）, off-the-record（非公開）, offspring（子孫）, off-white（くすんだ白）など合成語としてもよく使われている。

【over―under】「上の方」と「下の方」

She seems to be **under** 40, but in fact she is **over** 50.

(彼女は40歳以下のように見えるけど、実際は50を過ぎている)

over
1) 上に、覆って、支配
   She put her hands over her ears, and said "No."
   (手で耳を覆って)
   A look of great fear came over her face.
   (恐怖の様子が彼女の顔に現れていた)
   → It is said Japan has authority over Takeshima.
   (竹島の領土権を持っている)
2) 越えて、克服、伝えて
   I will be / come / go over straight away.
   (すぐそちらに行きます)［向かっての意］
   Go over to the other side while the light is green.
   (青信号の間に向こう側に渡る)
   The boys went jumping over the high wall.
   (高い塀を飛び越えた)
   → get over the hard time / the disease / the trouble
   (乗り切る、克服する)
   I was not able to get /put over my idea to them.
   (うまく伝える)
3) 終わって、すっかり、繰り返して
   → The war is over.
   I've got over today's work.
   (今日の仕事を片付けてしまった)

第3章 「小さな巨人」ベーシック・イングリッシュのなぞ　117

I went over his letter but was not able to make out his design.
（彼の手紙をよく調べたが彼の意図は理解できなかった）

He went over the same story three times.
（同じ話を3回も繰り返した）

under 下の方へ，ある状態の元で、過程、従属

He has a gun under his coat.

Put down your name under mine.
（名前を私の下に書いてください）

→ They are living under such poor conditions.
　（そんな悪い状況で生活している）

The question under discussion now seems very hard. （今議論している問題はとてもむずかしそうだ）

The experienced teacher has got the boys under control.
（経験あるその教師は少年たちを制御している）

【up—down】「高い方へ」「低い方へ」
walking **up** and **down** the street
別に坂でなくても行ったり来たりする時に使う。

up
1）上方へ、（水準でも）上方へ

It is not simple to put / get up the box of great

weight.（重い箱を持ちあげる）

This lift will take us through up to the tenth floor.
（このエレベーターは10階まで行く）

→ The level of his school work is going up.
（彼の学業レベルは上がってきている）

Her work did not come up to my hopes.
（彼女の仕事は私の期待に達しなかった）

2) 立って、生じて、取り上げて

This house was put up in 1930s.
（この家は1930年代に建った）

→ Is something up with the printer ?
（印刷機に何か起こったか）

They didn't take up my suggestion.
（提案を取り上げなかった）

I've made up my mind to be a painter.
（画家になると決心した）

3) すっかり、持続、完了

→ Time is up.（時間終了）

Keep up your good work.（よい仕事を続けて）

It's all up to you.（すべて君次第）

I'll give up smoking / the idea.（やめる、あきらめる）

upは *drink* up（飲み干す）, *dry* up（すっかり乾く）, tired up（疲れ切る）, used up（使い尽くされた）など動詞、形容詞について完了の意味を、また *burn* up（パッと燃え立つ）, *cheer* up, *hurry* upなどのように強

第3章　「小さな巨人」ベーシック・イングリッシュのなぞ　　119

調の意味を加えることもある。

down

1) 下方へ、減少、弱小など

　The sun went down and after a short time the moon came out.

　Go all the way down the slope.
　　（この坂をずっとおりて行きなさい）

　→His story came down to us all.
　　（彼の話は私たちまで伝わった）

　　The degree of heat is going down.
　　　（気温が下がっていく）

　　It is like putting down a great weight.
　　　（大きな重荷を下ろしたようだ）

　　Keep your voice down here.（ここでは小さな声で）

2) 低い姿勢に、倒れる、崩れる

　She got down on her knees.（ひざまづく）

　→The *computer* went down suddenly.
　　（突然停止してしまった）

　　The news got her down.（がっくりさせた）

3) 書き留める

　She is getting / putting / taking down what I say.

　Every word he said before the judge went down.
　　（裁判官の前で話したことはすべて記録された）

【before—back】「前」と「後ろ」

時間上はbeforeとafterが、位置ではin front ofとat the back ofが対になるが、ここでは便宜上これらを対にした（backは語表では名詞に属しているが、副詞としてもよく使われる）

before　前方に、順序

　"You are putting the cart before the horse."
　（馬の前に荷車を置く、「本末転倒」ということわざ）
　→I will put my suggestion before the committee.
　　（委員会に私の提案を出す）
　　Work comes before family in Japan.
　　（日本では家庭より仕事優先）

back
1) 後方へ、抑える
　Keep back of the white line.（白線から下がって）
　→The facts were kept back from her.
　（その事実は彼女にはかくされていた）
　　I had to keep back my feeling.
　　（私は感情を抑えなくてはならなかった）
2) 元の位置、状態に戻す、取り返す
　You may go back to your seat.
　You have to take / give back these books to the library by the end of this week.
　（これらの本は今週末までに図書館に返さなければいけない）
　→I will come back to this point later.

第3章 「小さな巨人」ベーシック・イングリッシュのなぞ　　121

（この問題には後でもどってくる）

His name hasn't come back to me.
（彼の名前が思い出せない）

across　向こう側に

Our school is across the street.
（通りを超えた向こう側にある）

Take care when you go across the street.
（道を横切る時は注意しなさい）

The circle is 2 meters across.（その円は直径が2メートル）

He took a seat across the table from her.
（彼はテーブルをはさんで彼女の向こう側に座った）

come across 通じる、偶然出会う、見つける

→ Your argument came across to us.
（あなたの議論はよく伝わった）

I came across an old letter from her in the back of the drawer.
（引き出しの奥に古い彼女からの手紙をたまたま見つけた）

against　逆らって、反対して、ぶつかって

Put the board against the wall.（板を壁に立て掛ける）

→ Are you for or against this plan？（賛成か反対か）

It is against the rule to be away from work without approval.（無断欠勤は規則違反）

A small star may come against the earth sometime.
（小惑星がいつか地球に衝突するかもしれない）

Something came up against my leg in the dark.
（何かが脚にぶつかった）

→I have never come against such an experience.
（そんな経験にぶつかったことはない）

away　離れて、向こうに
（語表にはないがaとwayの合成語としてよく使われる）
1）離れて、遠ざかって
He is away from Tokyo. Go / Get away !（立ち去れ）
Keep away from the fire / danger.（近づくな）
2）（元々あった所から）離して、取り除く、手放す
These books may not be taken away out of the library.（禁帯出）
→Put away the foolish idea.
（そのばかげた考えを捨てなさい）
His letter took away her fear.
（彼の手紙で恐怖が取り除かれた）
This will take away your pain.（痛みを除いてくれる）
I will give away all the books.（あげてしまう）
→He gave away his secret.（もらす）
3）向こうに、しまう、とっておく
put the plates away（食器類をしまう）

Put some money away for yourself.
（自分のためにお金を蓄えておきなさい）

through　通して
1) 通って
   They will not let us through.（通してくれない）
   This train goes through to Fukuoka.（福岡まで直通）
   → The idea goes through my head.
   　（その考えが頭に浮かぶ）
2) 通して、によって（原因、理由など）
   We see the birds through the window.（窓越しに見る）
   → see through a trick（見抜く）
   　He got his work through his friend.（友人の世話で）
   　This discovery came out through his error.
   （この発見は間違えから生じた）
3) 通過して、完了、ずっと
   He went through college with the help of the kind person.（大学を出た）
   → He went through the hard time.
   　（辛い時期を乗り切った）
   　We had rough weather all through the time.
   　（その間中ずっと荒れた天気だった）

第 4 章
ベーシック・イングリッシュ学習の利点

1　英語の核として、simple, clearな英語

　どの言語にも中心的部分と周辺的部分がある。周辺的な部分には文学的で流麗なスタイルとか、専門的分野、その他難しい言い回しなどがある。中心領域には一般に日常でもよく使われる語や文があるが、さらにその中心あたりに小さいけれど大きな働きをするその言語特有の部分がある。それらは必要不可欠な語や文の型で、英語でもその特質を生かした英語らしい中核の部分である。ベーシックは分析性とか、品詞転換など現代英語の特質を最大限利用して作られた、いわば英語を凝縮したようなもので、まさに一般英語の中心的重要部分である。

　グレアムは英語の簡素さにについてベーシックで次のように述べている[10]。

However full of complex and beautiful words, and words of the most delicate shades of sense, English may be,——and it is noted for it——there is all the time an opposite tendency to go down to the roots of the language to get any idea taken back to the starting point in the most straightforward and physical experience.

（英語にはどれほど複雑で美しい語や微妙な意味の違いを表す語が多くあり、英語はそれによってよく知られているとしても、これとは反対の傾向も常にある。それは英語の根底まで下りてきてあらゆる概念を最も分かりやすい身体の経験にまで引き戻そうとする傾向である）

確かに英文にはミルトン、ジョンソンらの華麗な文体があるが、その基底にスイフトやベーコンら簡潔な語を使った平易な文体があることも指摘されている[11]。アメリカでもヘミングウェイの作品を思い出しても、また歴代の大統領の演説などもやさしい英語の文体である。1章2でsimpleな英文を評価された話も覚えておられるだろう。現代英語そのものが人の社会生活に必要な事実や考えを易しい素朴な語を中心にはっきり表せるようになっている。

この英語の特質を支えているものはまさにベーシックのget, have, make, putなど基礎動作語、またin, on, off, out, down, upなど空間内の方位を指す語などである。これらlittle wordsの組み合わせで多くの動詞の複雑な内容をありのまま目に見えるように分かりやすく表すのは英語特有の核とも言える。また文の意味の重心をなるたけ名詞に置くが、目で物を見るような即物的な表現は英国の経験主義にかなって英語的である。イギリス人は経験を尊重し、五感による物の知覚を大事にする。さらにこれらは文脈に応じて比喩的に広がって豊かに展開する。抽象的な理解しにくいことも、架空の空間において

具体的にとらえる。ベーシックを学ぶことで、このような英語の核の部分、そして英語的な発想が身につくようになる。

　今まで見てきたように、ベーシックはsimpleではあるがclearな英語である。simpleとは単純で平易、ベーシックでひんぱんに使われる語は長さも短くなじみやすい（850語のうち513語、半数以上が1音節である）。意味をくだいて言うことで明快に内容を伝えることができる。語数が少なく簡素な語からなるので、ニュアンスの違いや連想の含みなどは伝えられず、洗練された、デリケートな文体ではない。しかし英語学習の第一歩としては何よりきちんと内容を伝えることが大事である。ベーシックは具体的に物事を指示し、相手にはっきり分かるように事実や考えを伝えることを主眼にしている。

　複雑な概念をくだいて単純な語で表す分解的表現についてもう少し考えてみよう。分解することは本来語数を減らすためだったが、「分ける」ことは「分かる」ことだから、結果的に分かりやすい英語となった。*infuriate, calf, bleat, drought*ではこれらの語を知らなければどうしようもないが、make very angry, young cow, a cry of sheep, dry weatherとくだいて言えばそれぞれから推察がつく。意味が透明、すけて見えて分かりやすくなる。単語だけでなく、英語の文そのものも語尾変化の消失などから非常に単純化されているが、ベーシックはその利点をさらに許す限り進めて単純にした。

特に動詞を削減したことは最大のカギである。使い方の最も難しい動詞を徹底的に減らしたので、学習も容易になり文の成り立ちも簡潔になった。しかも文の要である基本的動詞や方位詞のほとんどはその元の意味が視覚化される。実際に体を動かしての動作、空間内の位置や方向などは目に見えるし、絵でも示される。ベーシックでは語の多くの意味も文の構造も目に見えて分かりやすくなっている。

　clearという点でもう少し付け加えれば、先の「分ける」の所で指摘したように、複雑なことも分かりやすい基本的なlittle wordsにくだいて表すので意味がはっきり明快になる。普通英語であいまいな語は別の語に置き換えてもあいまいなままである。ベーシックに直すのには同じレベルの語で水平的に言い換えができず、意味をくだいて一段と具体的、事実に近いレベルの語で言い直すので、"vertical translation"（垂直訳）と言われている。それによってあいまいさがなくなると言われているが、実際に普通英語であいまいな文をいくつか取り上げて、ベーシックに直してみよう。

① The man has fried chicken for dinner.

　この文は「揚げた鶏を食べる」のと「鶏を揚げた」の両方にとれてあいまいである。ベーシックには*fry*（揚げる）という動詞はないから、それぞれ次のように別々な言い方になる。

　The man has *chicken*（which was）cooked in fat.

The man has got the *chicken* cooked in fat.
② She loves me more than you.
これも「彼女はあなた（が私を愛する）以上に私を愛する」と「彼女は私をあなた（を愛する）以上に愛する」と両方にとれる。違いを分かりやすいようにかっこにいれた。ベーシックではloveは名詞なので、やはり別々の言い方となる。
　She has a love for me more than you.
　She has a love for me more than for you.
③ John hit the man with a stick.
with a stickがhitにかかって「棒でたたく」か、manにかかって「棒を持った男をたたく」か両方に取れる。ベーシックでは*hit*がないので次のように別々な言い方となる。
　John gave the man a blow with a stick.
　John gave a blow to the man with a stick.
④ I found him a good manager.
「彼によいマネジャーを見つけた」と「彼がよいマネジャーであると分かった」だが、ベーシックでは次の2つの文になる。
　I was looking for a good manager and got one for him.
　I made out that he was a good manager.
（最初のベーシック文は余りすっきりとはしないが、意味は通じると思う）

⑤ Mary is the one Jane wants to succeed.
「メアリーはジェーンが成功して欲しいと思っている人」と「メアリーはジェーンが後をついで欲しいと思っている人」。succeedの2つの意味から生ずるあいまいさだが、ベーシックでは違った言い方となる。

Jane has a desire that Mary will do well.
Jane has a desire to take Mary's place / take over Mary's position.

　ちょっと興にのって、いくつかあいまい文を見てきたが、「あいまいさ、誤解などから人々を解放しようとしたのがベーシックの始まりだった」と言われていることを考えれば、これは当然だろう。リチャーズもベーシックを学ぶことについて次のように言っている[12]。

"...a training in detecting *implicit* ambiguities and making them into *explicit* distinctions"

（はっきりしないあいまいさを見つけて、それをはっきり区別する訓練になる）［イタリックは原文のまま］。

　以上見た例では文法的あいまいさはほとんど動詞にかかわっている。動詞は意味によって次に来る語との結びつきなどが変わるとかいろいろな点で複雑だ。オグデンが動詞を極端に減らしたわけも分かると思う。ベーシックではどちらにもとれるような動詞が使えないことから、あいまい文が作れない。元の文がどういうことを意

味しているか文脈から内容をよく考えてはっきり区別して書き直すことになる。必然的に明快な文になることが分かったと思う。

2　語と文法、透明な文の型

　今までベーシックについては語彙を中心に扱ってきたが、文法については-ed, -ingをつけるくらいで特に取り上げてこなかった。言うまでもなく、ベーシックには特有の文法のきまりなどなく、全て普通英語の枠内に収まっている。一般に文法とは文の構成に関わる規則で、学習者はそれらを覚えて、語がそれらの型にどう当てはまるかを問題にしてきた。文を形成する要は動詞で、文型も動詞によって異なってくる。ベーシックではこの難解な動詞がごく少数なので、文構成はかなり単純になっている。先ず16の基本的動詞の使い方をしっかり習得しておけば文法は余り問題にならない。

　"Big words, small grammar"[13]と"Little words, big grammar"[14]という2つの論文を題名に惹かれて読んでみた。題からは反対のことを言っているようだが、実は両者とも語と文法の関係を扱い、語の重要性を唱えている。よく使われ、機能的働きをする基本的な語はその使い方をしっかり習得すれば、文法の働きをすると主張している。

　前者の著者、ソーンベリーはいくつかの語は他の語よ

り重要だという事実（これこそまさにベーシックの根本理念である）に注目し、論文ではtakeという動詞がいかに広く使われるか、そのさまざまな用法を挙げている。他にhave, give, makeなど文法機能の高い動詞の重要性を指摘して、これらは語と文法の中間領域にあると言う。それら最もよく使われる語の組み合わせ、型はその言語のbuilding blocks（構成要素）で、それらの使い方をしっかり習得することで文のきまりが分かると主張している。

彼は *Natural Grammar*[15]という本でその考えを実践している。これは文法の本ではあるが、文法の説明は何もなく、基本的な100語についてそのパターンを各2ページで詳しく説明している。ここで扱っている100語はベーシックのOperationsに非常に近い。抽象的な規則である文法を覚える代わりに、語から始めようと言い、日常よく使われる基本的な語の意味や用法をよく調べて、それらが生み出す文法を見つめるべきだと言う。

後者の論文はソーンベリーの著書の主旨を紹介し、彼自身はaboutについて同じように詳細な使い方を示している。ソーンベリーの論を次の3点にまとめている。①文法はそれ自体では存在しない。それは最も単純な形では語の結びつき方によるパターンのことだ。それら語の結びつきをよく調べればことばはもっとよく学べる。②最もよく使われる200語ほどはその言語、また文法の50%を占める。③これら重要な語は短くて意味内容も軽

くて見落とされがちなので注意を要する。これによって2つの利点があると言う。それは語の固定した一つの意味、用法だけを見ることを避けられることと、その言語の構成要素と中核部分を重視することから最もよく使われる型をいつもよく観察するようになるということである。

　これらの論文などを読んでいて、余りにもベーシックの考えと類似しているのに驚いた。ベーシックでは複雑な文法の規則を覚えなくても、わずかな動詞の基本的タイプの構造から文の構成、型を身につけていく。彼らの主張はまさにベーシックの考え方と共通する。この考えはLexical Approach[16]から生じたものだが、ESL（外国語としての英語教育）の分野でこの考えが今世紀になって広まっている様子は、逆に言えば、オグデンがいかに先見の明があったか、また古いと思われているベーシックが実際には極めて新しい基盤に立っている証ではないか。

　さて、ベーシックの基本的動詞は単純、明快、規則的な文体を作り上げ、しかも独特と言えるような透明な文型を生みだしている。ベーシックの文構造を見てみよう。語表の右下に文型の例として次の文が出ている。
　We will give simple rules to you now.
　この文型がベーシックでは基本になっている。① 動作をする人（物）、②（時間を表す助動詞と）動きや作

用を表す語、③（飾りの語と）動作が及ぶ対象、④ 場所や方向または状態、それに必須ではないが時とか様態など副詞的な語句が入る。それらを（1），（2），（3），（4）としてベーシック16の動詞を使った文をこの型に入れてみよう。

　基準となる例文をもう一度よく見ると、先ず「私たち」がいて、何かを「与える」のだが、その何かは具体物ではないが「単純な規則」であり、与える相手は「あなた」だ。文中の語の順序、文型は実際の動作、認識の順と同じである。思考のプロセス、実際の動作が文型、つまり文構造の中に透けて見える。文中の語と目の前の動作がお互いに関連して結ばれているので、学習者は文構造を通して動作の構造（文の意味）を見ることができる。また逆に動作を通して文型が透けて見える。特に初期の学習者には実際に動作をしながら文を言うことは効率的である。このモデル文がベーシックではあらゆる文の基準になっている。その他の文はある部分が不要、働きが異なるなどで、ほとんど全て次頁の枠組みに入る。かっこ内は義務的ではない語句である。

	(1)	(2)	(3)	(4)
(A)	We	will give	simple rules	to you (now).
	He	is putting	the key	in his pocket.
	I	took	the hat	off (the head).
	She	sent	a letter	to him.
	We	keep[1]	milk	in the ice box.
		Don't let[1]	the dog	in.
(B)	They	keep[2]	the room	clean/in order.
	He	made[1]	her	happy/go swimming.
	I	got[1]	the shelf	fixed.
	I	will let[2]	the boys	quiet/go.
	He	had[1]	his right leg	broken.
(C)	I	got[2]	the letter	(from her).
	She	has[2]	a bird	(in her hand).
	Mother	is making[2]	cake	(for us).
	He	said	"Yes"	(to me).
	He	did	his work	(completely).
(D)	I	am		a teacher/happy/tired.
	She	kept[3]		laughing.
	I	got[3]		angry/ready/warmer.
	What he said	seems		true.
(E)	The train	came		(at last).
	I	will go		(straightaway).

(同じ動詞でも異なる型で使われる語は右肩に小数字を付けた)

　ベーシックの動詞16語のいろいろな用法も、形式からみれば全て上の枠にほぼ収まることが分かる。学習初期に先ず（A）の文型をしっかり習得しておこう。（A）はよく用いられる give, put, take などの代表例、特にベーシック特有の文型で分かりやすい。4つともほぼ義務的にとる。伝統的な文法では第1文型から始めて目的

語、補語など加えていくが、ベーシックでは逆で（A）から始まって後はいずれかが欠けると考える。（A）の（4）の部分は主に動作の方向またはその結果の目的語の位置で、前置詞句が多く、（B）は（4）が場所でなく、主に（3）の目的語の状態を表すので形容詞が多い。（C）は（4）が義務的ではない。（D）と（E）は自動詞で働きは他に及ばないため（3）が不要。（E）はさらに（4）も任意である。

　厳密にいえば、（4）でも（B）と（A）は異なる性質のものだが、同じ位置を占めるので細かい区別はしない。またgive文については、give him the bookと2重目的語をとる方が実際にはよく使われるが、この文型は他の動詞での混乱が生じる。学習初期にはtoを使う透明な文型を完全に身につけ、混乱の危険がなくなってから2重目的語をとるgive文に進む。

3　「覚える英語」から「考える英語」へ
～コミュニケーションの方策として、多様な表現

　フランス語、スペイン語など総合的な言語は分解して表すことはほとんどなく、語尾変化の活用はとても複雑で、数多くの単語やその活用を覚えなくてはならない。覚える材料が多ければどうしても暗記による記憶が必要だが、ベーシックでは少ない基礎的な語をいかに使うか、全体の意味を考えて語を組み合わせて文を作っていく。これは覚えるより理解して学ぶ組織なのだ。暗記で

覚えたことはそれだけならそこで終わってしまう。生産的に英語を用いるためには暗記は最小限にして、想像力を働かせて考えることが大事である。

リチャーズは次のように述べている[17]。「ベーシックは実用的原理として『習慣』を『洞察』に変えようとする試みだ。暗記しなくてはならない材料の量を最少にして、理解力を出来るだけ働かせるような言語組織が出来ればよいというのがベーシックの考案を促した」

英語を書こうとする時、語彙に制約がなければ、日本語に対応する英語を求めて、そのまま機械的に使ってしまうかもしれない。ベーシックではそれは出来ないので文全体の意味を考えてそれに合う言い方を選ぶ。例えば、walkはベーシックでは名詞として使われる。a) I *walked* to the station. b) I *walked* for an hour every morning. の文をベーシックにしてみよう。

a) は駅まで歩いて行くのだからI went to the station on foot.でよいだろうが、b) は散歩なのでI took an hour's walk every morning. とかI went for an hour's walk...などとなるだろう。

日本語に対応する英語がベーシックにない場合も多い。「いつも」はいつも*always*と決め込んでいても、ベーシックには*always*はない。どう言えばよいか、以下の例を見てみよう。

いつも貧乏だ…He is poor **all the time.**
いつもは早く寝る…He **generally** goes to bed very early.

第4章　ベーシック・イングリッシュ学習の利点　　137

そこに行けばいつも…Whenever / Every time we go there, we see him.
これからもいつも愛する…He will be in love with her **forever**.
いつもの家事をした…I did my **regular** housekeeping.
いつも6時に起きる…I get up at six **every** morning.
いつも遅れたことはない…He has **never** been late.

　*always*を使わなくてもベーシックではいろいろな表現ができるが、文全体の意味を考えて適切な表現を選びたい。上例でも初めの2つの文以外*always*は適切ではない。日本語に対する英単語を知っていても、それらがきちんと使えないこともある。また英単語に対する訳語を覚えても、いつもその訳語通りの意味とは限らない。断片的に多くの語を覚えて無造作に使うより、少数のことばでもきちんと使うことが大切である。

　英語を書く時は何とか辞書などで英語を探せるが、話しの場では言いたいことに相当する英語を知らなければ、コミュニケーションが途絶えてしまう。ベーシックでは単語を知らなくてもすぐあきらめる必要はない、やさしい基本的な語でも何とか言えるようになっているのだから。ベーシック的な言い方に慣れてくれば、その習性で何とか英語で表現できるようになる。先ずはyes, no, wellなどあいづちを打って、考えながらゆっくりと、またはじめは短い文でもよいので話せばよい。かっこよい英語でなくても、少し回りくどくても相手にはっきり

と伝わるように、わずかでも自信を持って使える基本的な語を身につけたい。これはコミュニケーションのストラテジー（方策）としては非常に貴重である。

*always*で見たようにベーシックでは多様な表現が可能である。そこで一般の動詞としては頻度の高い*know*という動詞がベーシックでどう表されているか、3冊の小説から原文とベーシック訳を比べてみよう。出典はShawの*Arms and the Man*（AM）、Swiftの*Gulliver's Travels*（GT）、Stevensonの*The Bottle Imp*（BI）である。なお原文はknowだけ斜体字に、ベーシック訳ではその代用の語句を太字にしておく。

(1) 知っている、分かる

1　How do you *know* ? I never told you.（AM）
　= Where did you **get** that from ? I haven't said anything to you.

2　But I *know* some family secrets...（AM）
　= But I **have knowledge of** some family secrets.

3　Do you *know* what you said then ?（AM）
　= **Are** you **conscious of** what you said then ?

4　I then *knew* what they meant.（GT）
　= I **had an idea** what the sense of them was.

5　I *knew* I loved him.（BI）
　= I **was certain of** my love for him.

6　You *know* best whether I was right.（AM）
　= You **are in the best position to say** if I was right or not.

第4章　ベーシック・イングリッシュ学習の利点　139

7 How the deuce do I *know*? (AM)
  = How on earth **am** I **able to say**?
8 I lied. I *know*. (AM)
  = I said something which is not true. **There's no doubt** about that.
9 The price! You don't *know* the price? (BI)
  = The price! You have not **had the news of** the price?
10 I *know* the difference between... (BI)
  = I **see** how different...
11 If you *knew* who I was, you might have heard of me. (BI)
  = If **you made it clear** who I was, you might have some knowledge of me.
12 I *know* it is night, and the roads are bad. (AM)
  = **It is true** that it is night, and the roads are bad.

(2) (人や場所など) よく知っている

1 He is the richest and best *known* in our country. (AM)
  = He is the most well-off and the most **noted**.
2 I thought I *knew* every one in this country. How comes it that I do not *know* you? (BI)
  = I had an idea I **had seen** everyone in this country. How comes it that I **have** not **seen** you.
3 I *know* everything here. (AM)

= **There is nothing new** to me here.
4　I have found a Russian officer, thank Heaven, he *knows* S. (AM)
　　　= By a happy chance there is a Russian officer among them; he **is a friend of** S.

(3) 体験して知っている。
1　I saw at once that you *knew* the world. (AM)
　　　= I saw, very quickly, that you **were** a person of **wide experience**.
2　Real life is so seldom like that! Indeed, never, as far as I *know*. (AM)
　　　= …as far as **my experience went**.

　同じ*know*という動詞が文脈によってこんなにいろいろなベーシックで表されているのに驚かれたと思う。本来語数が少なければ単調になるはずが、極めて多彩な表現が用いられている。それは普通英語で１語のところをベーシックではその場に応じて意味をくだいて記述して表すからである。

4　普通英語で隠れた部分が明るみに

　普通の英語は無限に近い語があり巨大過ぎて、その姿や本質をとらえるのは難しい。ベーシックはその英語を

一旦解体して効率のよい有限の語から成る英語に縮小したものだから、英語全体の輪郭をはっきり見ることができる、実験室のようなものとも言われている。普通の英語では隠れていて余り気づかれないこと、英語の特質や言語一般、ことばの働きなどをベーシックは明らかにしてくれる。ここまで読んでどういう点かお分かりとは思うが、それらを改めて考えてみよう。

1) 動詞の中に特殊な一群があること

　一般には数多くの動詞はすべて一括して動詞ととらえられ、その中にごく一握りの特殊な語群があるとは余り気付かれていない。これらは日常最もよく使われ、内容より文形成にかかわり、英語の文の成立にはなくてはならない語群である。一般には基本動詞と言われているが、ベーシックの基礎動作語13語はまさにこの代表である。英語の学習の根本としてこれらを十分に習得しておくことはベーシックに限らず極めて重要である。

2) 分解的表現

　英語では一語の意味をくだいてやさしい語の組み合わせで表す用法がある。特に動詞では顕著で、1)で挙げたわずかな動詞が他の語との組み合わせでほとんどの一般の動詞の意味を表すことが可能である。英語に特有のこの分析的表現はベーシックでは頻繁に用いられるが、普通英語でもよく使われている。それなのに一般にはあまり注目されていない。日本人は分析的言い方より一語

動詞を使う傾向が強い。

次にあげる例は漱石など日本文学の英訳を何種類か比較した興味深い資料[18]からのものである。日本人訳の一語動詞に対して英米人の訳は分析的表現になっている例がいくつもあがっている。（左側の英語は一語動詞だけイタリックにしてある）

日本人訳	英米人訳
unable to *proceed* in any direction	unable to **take a step**...
he would *amend* it	he would **put it right**
I can never *forget* his face	I would never **get** his face **out of my mind**
The decorations had been already *removed*	...had been **taken down**
I'll come and *talk* it over	I'll **be over** *soon* to **have a talk** with you
I didn't *know* what to say	I **was at a loss** what to say
We *followed* her	We **were off after** her

右側の英米人（複数）の訳はほぼ完全にベーシックである。日本人（複数）の英語はほとんど一語動詞ばかりなのに比べ、英米人の訳には一語動詞も使われているが分析型が多いと記されている。日本人には余り使われないがベーシック的分析表現は不自然どころではなく、このように普通英語でもよく使われていることが示されている。

3) フィクション、メタファー

　フィクション（虚構）とは何度も出てきたが、belief, respectなど現実には存在しない心の中だけの仮想のもの、ことばの上だけの作りものを指している。言語発生の要件は人が物事を抽象化する能力を持つことなので、フィクションは言語そのものの本質に根ざしている。ただフィクションのことばも具体物を表す語と同じように扱われるので、何か実体を持つかのようにどうしても考えられてしまう。オグデンはこの実体化から思想の混乱が生じるとして注意を促している。

　フィクションのことばは言語活動には不可欠だが、それに対する態度を考え直す必要があると言う。ベーシックでは出来るだけこれらをくだいて具体的、実体に近いことばで表す。*traverse, intersect*（横切る）も go across に、*liberty*（自由）は condition of being free に、*distortion*（ゆがみ）は twisting into a wrong form などのように。フィクションのことば、特に動詞はもっと具体的なことばの組み合わせで言い換えられる。私たちが平素使っている日本語も、特に漢字によるフィクションが多く、意味がはっきりしないまま使っているのではないか。英語学習上に限らず「言語の虚構性」について考え、意識することは大事で、ベーシックはフィクションについて考える機会となる。

　メタファーについても前にも詳しく述べたが、日常のことばに入り込んでいるので、やはりそれと意識されないま

ま使われている。フィクションである抽象的な把握しにくいことを、より具体的な馴染みのことばを使って表す。これも言語の働きの基本原理の一つで、2つのものを関係づけて類似を見抜く人間の心の働きである。新しいものにすでにある他の物の名前を使うことで、有限なことばで無数の現象が表されるのだから、語数の少ないベーシックではメタファーを上手に利用して意味の広がりを図っている。ベーシックはメタファーによる意味の移り変わり、意味の拡大にも注目するチャンスとなっている。

4) 文脈の重要性

「文脈」とは一般にある語の前後の部分、ことばの上の関連を指すが、話しことばではその場の状況、話し手の心理的要素なども大きくかかわってくる。ことばには辞書的意味はあっても、決して固定した意味があるわけでなく、本当の意味は発話全体の可能な解釈から初めて明らかになる。3) で述べたフィクションもメタファーも文脈の制約があって初めて意味伝達にかかわってくる。日本人はつい英語に訳語を対応させるが、これも一語を一つの固定した意味と結びつけることになる。文脈を考えて解釈し、また適切な語句を選ばなくてはならない。一般に専門用語の意味は狭くて固定しているが、これは使われる文脈がほぼ類似しているからである。逆に一般的な基本語ほど意味の幅が広いため文脈への依存度は高い。ベーシックできわめて重要なこの文脈という考えは一般にも文の解釈にも文を作るのにも大切である。

第5章
ベーシック・イングリッシュと英語教育

1 英語教育とのかかわり

　オグデンがベーシックを考え出した時代、世界中の人が共通に使えることばに大きな夢があった。それから何十年もたち、現在では母語話者同士での英語使用は1割にも満たず、非ネイティブ、外国語として英語を学ぶ人の割合がすごい勢いで伸びてきている。ベーシックも外国人の英語学習という点がますます重視されるようになってきている。今まで論じてきたことはすべて英語教育にも関連するが、ここでまとめてベーシックの特質が英語教育にどういう意味をもつか考えてみたい。

　ベーシックが初めて日本に到来した1930年代初期も、日本の中学での英語教育の効率は悪かったようだ。そのような状況に対して、ベーシックに新しい期待がかけられた。日本の初代ベーシック代表、岡倉由三郎は『英語青年』1932年5月号に「新光」という題でベーシックが日本の英語教育の基礎として極めて有効だろう、ここに新しい光を見出したと述べている。ただ実際には英語教育の場でベーシックが広く使われることはなかった。

　それから80年もたち、長年にわたり「使える英語を」と英語教育改善の必要性が唱えられ、教え方も改良はさ

れてはきたが、英語の学力は期待されたほどは向上していない。特に発信用の英語が要求されている現在、ベーシックを何らかの形で利用することは効果的な方法と考えられる。何故ベーシックが英語教育に有効なのだろうか。ベーシックの教育構想には経済性（覚えることがミニマム）、分かり易さ（くだいて言うことで）、くり返し（最も重要な語は少ないため頻繁に使われ）、視覚的支えなどがある。これらは英語教育にとって極めて重要な点である。次にいくつか重要な項目をあげる。

1) 語彙の選択

　外国語の単語を無制限に覚えることは不可能だから、どれを教えるかは一般的にも大きな問題である。日本の英語教育でも、語彙を増やすことは暗黙のうちに要求されてきたが、文部科学省の語彙選択の基準ははっきりとは示されていない。一般の教育用語表はほとんど頻度を基準にして選ばれている。単語をたくさん覚えても、働きの余り大きくないために以後余り出番のない語ではもったいない。ことばは伝達の道具であるが、道具といえば、私たちの身の回りにも、買ってはみたものの出番の余りない道具がいくつもある、他方わずかだが非常に便利で頻繁に使う道具もある。働きの大きい重要度の高い基礎的な語となくても済むようなぜいたくな語があることをベーシックははっきり示している。

　ベーシックの働きの大きな語とは、繰り返しになるが、人間の最も普遍的な経験、考え、感情など示す英語

の中の中核的な語である。これらは後に語彙をふやす時にもその基礎として働く力を持っている。850語はあらゆる思考のキーワードであり、他の語を説明、定義する力があり、それによって多くの語の代用ができる。どんな複雑なことでもその内容をくだいてこれらの基本的な語を組み合わせて表せるようになっているので、特に発信用語彙としては参考になる。語数は少ないが、そのため徹底してその用法、意味が把握できる。また結果的に繰り返し、しかもいろいろな用法に接することで学習効果は高い。新しい語との結合など意味の変化もはっきり分かるようになっている。

　中でもベーシックの最も顕著な特質は、動詞を極端なまでに削減したことである。語を知るということは、独立した一語の意味、綴り、発音などを覚えるだけではない。特に動詞、前置詞などは他の語とのかかわり、文中での働きを習得しなくてはならない。これらをごく少数にしたことは学習には有効である。ベーシックの基本的な動詞そしてそれらと組み合わせて使われる前置詞など、もしなければ容認可能な文は作れない。英語教育でも極めて重要な語群だが、少数であるからこそ重点的に指導できる。これらの用法をしっかり習得しておくことは、ベーシックに限らず将来一般の英語学習に進んでも大変重要である。

2) 学習の最適順位

「ベーシックは普通英語の中で最も重要な部分であり、

この両者の間に境界線はない、あるのは教える順位 "what is to come before what ?" だ」とリチャーズは主張している[19]。何の前に何を教えるか、これがベーシックの教育上の原理である。「抽象的難しさ」などないと言われているが、難しいかどうかはそれまでどう学んできたかによるのだから。

　語数も少なく意味範囲もはっきり決まっているからこそ、よく調べてどの用法の前にどれを教えれば効果的か、最適順序をはっきり決めることが可能だった。「どんな組織的教え方でも授業はきちんと順序だった方法で段階づけがされなければならない。最も単純、具体的要件が習得され、それらがもっと難しい語や文構成の基盤となるように」と、オグデン自身も述べている[20]。ベーシックはその成立過程で英語の構文、意味の移り変わりを徹底的に分析して、そこから学習順位を科学的に設定した。

　すでに学んだことを混乱させないように、単純で具体的、つまり基本的なことがきちんと定着するまでは、難しい複雑なことは後回しにする。新しいことに対しては過去に習ったことが最大限活かされるような有機的順序である。語でも文構造でもそのような関連づけが出来ている。中学の検定教科書も調べてみたが、このような配慮は余り見られないようだ。

　語の意味の拡大にしてもベーシックでは意味の展開の科学的、組織的枠組みを提供している。各語にroot

senseが決まっていて、そこを出発点にすれば無理なく、分かりやすく意味が広がるようになっている。このつながりは、具体物から抽象的な事柄へとメタファーによるものが多い。簡単なものから複雑なものへ、具体的なものから抽象的なことへ、大ざっぱなことから細かいことへという学習の鉄則は語の意味の展開にも当てはまる。開いた花や葉などの名前を一つずつ覚えるのではなく、その元になる根をはっきりさせておけば、そこから伸びていく葉や花が自然に分かるようなものである。同じ語や句が新しい意味、用法で使われる時でも、前に覚えたことと関連がなければ、全く別個のものを覚えるのと同じである。

3) 視覚的、具体的表現（身体感覚の活用）

ベーシックでは視覚的、具体的要素を大事にしている。文の要となる動詞も私たちの身体の動作、手を使っての物理的操作を基本としている。人のことばは人間の身体と外界とのかかわりによって条件づけられ、身体を使った経験は最も基本的なものである。認知言語学でこのような考えからメタファーなど論じるようになったのは、ベーシック考案より半世紀も後のことである。ベーシックでは身体の動き、その方向など出来るだけ忠実にことばに表せるようになっている。また内容を示す物の名前も絵で表せるような語がかなりあって視覚的に把握できる。これらの意味は私たちの感覚を通してイメージとしてはっきり理解できる。意味をとらえにくい動詞と

か前置詞などがイメージとして把握しやすくなっているのは大変効果的である。

　このようにベーシックは非常に具体的な事実に近いことばである。ただこれら具体的、感覚的なroot senseにとどまっていては言い表せる範囲はごく限られてしまう。実際にはメタファーによって身体動作などの経験を元に比喩的に抽象世界まで概念体系が広がるようになっている。わずかな、しかも平易な語で高いレベルの深遠なことも表現できるようになっている。

4）対立 Opposition[21]

　対立という考えそのものは古くからあって、ソシュールは「共時」と「通時」、「パロール」と「ラング」など二分法に基づいた新しい視点を提供した。「言語には差異しかない」と言い、言語活動全ては記号同士の対立と、そこから生じる音や概念の差異に基づくと考えた。確かにことばは対立を通して機能している。hereでなければthere、openでなければshut、またThe cat is in the room. でなければThe cat is out of the room. である。

　語表にはいわゆる形容詞のうち50語をOppositionsとして別枠に載せている。対にすることで語の意味はよりはっきりする。品詞が異なるものも含まれているが、例を少し挙げてみよう。

　bent－straight, certain－doubt, clean－dirty, early－late, feeble－strong, ill－healthy, loose－tight, narrow

—wide, normal—strange, rough—smooth, sad—happy, safe—danger, secret—open, simple—complex, slow—quick, special—general, sweet—bitter など。

　動詞も方位詞も対が多く分かりやすくなっている。次に扱う GDM 教授法では実際にこの対を最大限に活用して効果をあげている。一般には余り取り上げられていないが、この「対立」という見方は英語教育でも重要である。

　ベーシックは英語の力をつけるという実際面の効用だけではない。先に述べたように英語の特性、言語一般の働きなど分からせてくれる。さらにベーシックを通して思考の道具であることばに意識的になることで思考力は高まる。一般には意識されないが、思考と感情、ことばと物の関係を正しく把握できるようになる。またベーシックは入門期の英語学習に最適ではあるが、すでに英語をよく知っている人にとっても次のような価値がある。

① 英作文の基礎、英語発信に

　平易でも明快に内容を伝えられるベーシックはどの段階の学習者にも発信には有効である。英語構文の重要な基礎事実を身につけることは英作文の確固とした基盤となるし、また手持ちの語彙でどんなことも何とか表現できるという自信はコミュニケーションの方策として誰にでも貴重である。

② 基本語の整理、語彙増加の基礎として

すでに知っていると思っている基礎的な語の意味作用でも意外にはっきりと分かっていないことがある。特に基本的な動詞、前置詞などは徹底的に把握しておくことが大事である。また語彙の増加には、やたらに個別の単語を覚えるより、ベーシックの基礎的語彙を元に何らかの意味を加えて類語を増やすことは効率的と思われる。例えば、*grab, plunder, seize, snatch*などはtakeにroughly / violentlyやsuddenlyなどがついたものである。またfearにどんな意味や感情が加わると*alarm, awe, dismay, dread, fright, horror, panic, scare, shocked, terror*になるかなど調べて語彙を増やしていけば、類義語の意味やニュアンスの違いなどがよく分かる。

③ 読解力の向上に

　英文をベーシックに直すには、単語の置き換えではなく要素に分解するために、いやでも原文の意味内容を十分に理解してはっきりさせる必要がある。ベーシックに直してみることは英文のより深い理解の助けとなり、ことばの意味について感覚が鋭くなる。これはリチャーズらがアメリカの大学で英文解釈向上のため授業で行ったことである。

④ 明快な思考

　ベーシックは3番目の目標として、英語を母語とする人々にはっきりした明快なことばを使うことで、思考の明晰化が図れるとしている。これは私たち外国人にも通用する。同じレベルの語で言い換えることは覚えている

語を使うという技術だけですむ。しかし内容を一段と掘り下げ、原文の意味を論理的に分析することは明快な思考力の訓練になる。これはベーシックの分析的表現から生じる副産物とも言える。

2　Graded Direct Method
（ベーシック・イングリッシュを使った教授法）

　GDMとはリチャーズがベーシックを言語教育に応用した英語の教授法で、特に入門期に効果的である。名称のGradedは順序だった教え方、Directは母語を使わない直接法を指す。彼はベーシック考案のきっかけにはかかわったが、その後の実際の作業には直接に参加していない。ベーシック完成後ただちに習得して、その理論関係の本などを著している。ベーシックの最もよい理解者であり、支持者であった。オグデンはベーシックそのものの発展、普及にひたむきに進んだが、他方リチャーズの方は初め大学生の読解力向上に、ついで入門期の語学教育へとベーシックを活用した。

　リチャーズはハーバード大学でベーシックを利用した英語教授法を開発、その研究、教材作成に半生を尽くした。それがGDM教授法で、テキストとして何度も使っては書き直し最終的に出来上がったのが*English through Pictures*（以下*EP*と略す）である。彼はベーシックの特質をさらに徹底して語学教育に活用した。彼は元来詩人、文芸批評家で奥深い洞察力と鋭い言語感覚

の上に立った語学教育観を持っていた。それにオグデンのたぐいまれな才能が生み出したベーシックを言語材料にと、両者が融合して花開いたのだった。ベーシックの原理そのものが、この教授法ではきめ細かく配慮されて活かされ、テキストが構成されている。

　1947年のユネスコ会議で彼は初期の語学教育原理について発表した。多くの項目のうち、次に主要なものをあげる。①新しいことば、文はある場面にどう適応されているかを見て学ぶ。文と場面のこのつながりを一緒にして見える形で教えることが重要だ。②この結びつきが配列される理想的な順序が大切である。③文構造を教える有用なことば、つまり言語材料はベーシックを使う。④このように正しく順序づけられたことばと場面の結びつきは母語への訳や説明を不要とする。これらこそまさにGDMの重要原理である。

　さらにリチャーズは自分たちの目指している教え方を、"a planned serial ordering of opposition in sentences and situations"（場面と文の結びつきの中で対立のきちんと計画だった、連続した順序だて）とまとめている。今述べた①、②それに加えて「対立」という考えが含まれている。以下それらGDMの主要原理を取り上げていこう。

　Grading ― serial ordering（連続した順序）
　ベーシックそのものが今までにも見てきたように基本的、単純で分かりやすい用法から始まり順序だって進む

ようになっている。基礎的なことがしっかり定着するまではそれらが混乱しないように難しいことは先延ばししておく。しかもその順序はよく使われる比喩を借りれば、一粒の種から芽が出て、茎や葉が伸びて花開くような有機的なつながり（organic sequence）である。ことばの習得は単に単語や文型のバラバラな積み重ねではなく、すでに習得したものを通して学んでいく。

そこでwhat should come before whatが問題になる。一般の英語教育でこの重要な原理は考えられているだろうか。何の前に何を学ぶべきか、言い換えれば、今学んでいることは次に学ぶことの準備に、次に学ぶことは今学んでいることをより確実にするような順序であるべきと考えた。

*EP*の例をあげると、最初にIt is here. It is there.と指さしではっきりする文が出てくるが、これらは4、5ページ先のThis is a man. That is a woman.でのthis, thatの伏線、準備になっている。またthis, thatを学ぶ時それは前のhere, thereの強化となる。語の導入にも心にくいほどの配慮が見られる。*EP*に現れる順序を少し覗いてみよう。

物の名前でもtable, hat. head, handなど身近な、指し示せるものから始まる。抽象的な語はpush, pullなど動作で示される分かりやすい語から、形容詞も対になってどちらかはっきりしているもの、先ずopen―shut, right―leftなどが対で、しかも身近な本、ドア、手などを

使って示せるものが初めに来ている。次に段階的なlong—shortなどやはり対でしかも実際に物で示せるものがきて、good—bad, happyなど評価とか感情を表す語はかなり後である。

　動詞も存在のbeの次にtake, put, give, goという単純な動作ではっきり示せるものがまず来て、次にhave, see, sayそしてcome, get, make, keepなどやや複雑な語になる。

　他の教え方では一つの語のいろいろな用法も、前に習ったこととの関連が余り見られないまま、テキストに出てくる度に説明して教える。GDMでは先ずroot senseに重点を置き、それと関連付けて他の用法を順序よく教える。例えばmakeを教えるとき、折り紙で紙飛行機を作りながらI am making an airplane.そしてそれに色を塗ってI made it red.次にI will make it go (to the door). などと言いながら動作をする。こうしてmakeの3つの用法がそれぞれのつながりの中で習得できる。

　動詞の時制についてGDMでの導入は画期的である。be以外一般動詞で初めて出てくるのは次の文で未来、進行形、過去が同時に提示される。次頁にテキストのその部分を示す。

第5章　ベーシック・イングリッシュと英語教育　157

His hat is on the table.

He will take his hat off the table.

He is taking it off the table.

He took it off the table.

（図5）*English through pictures* **p.14**

He will take his hat off the table.
He is taking his hat off the table.
He took his hat off the table.

このように未来、進行、過去を一緒に出すのは乱暴なやり方と思われるだろうが、場面に密着して動作によって意味がはっきり示されるのでそれほど混乱は起きない。教師が英語を言いながら動作をし、生徒も自分で動作をしながら言う。動作とことばが自然に結びつくので、分かりやすい。一般に最初に出てくる現在形は習慣を表し、動作は抽象化されていて実際の場面では表しにくいので*EP*ではsee, sayなど出てくるのは後になる。

SEN-SITs（sentences in situations）―文と場面

GDMでは文とそれが使われる場面（実際でも絵でも）の組み合わせをSEN-SITsと呼んで、これを一組にして提示するようにしている。先ずは指し示せるような具体的な物、体を動かしての動作、それから絵などに移る。こうして場面と密着した英語はことばによる説明でなく、感覚的に理解できるようになっている。学習者は母語を通して英語を学ぶのではなく、示された場面を通してイメージとして英語を理解する。それには当然意味と構造がはっきり分かるような、まぎらわしくない場面を提示しなくてはならない。これが可能なのも具体性の強いベーシックを言語材料としているからである。またこれらが初期の学習でスムースに働くための最適の配列が上に述べた有機的な順序である。

またベーシックのkey概念の一つである「対」Opposition も、教育面で大きく展開してテキスト構成に利用されている。先の*EP*の例にあげられたように対で出てくるので意味は分かりやすい。最初の例もhereでなければthere, thisでなければthatと、一つの文はそれ以外の文を排除することで成り立つ。この対は語だけでなく、場面と文の組み合わせの中でも重視されている。A ball is on the box. とA ball is in the box.の対もはっきり提示された場面の中では説明は不要である

　場面の一部が変われば、それに応じて文の一部も変わる。絵と一緒に変わっていく文の違いに注意が向けられる。このテキストは（図5）のように、1ページが全て4コマの絵と文で構成されている。単独でははっきりしない一部の変化も、連続だとはっきりして効果的である。コマによる絵の違いと文の違い、つまり対立を通してことばを学んでいく。時制などという難しい文法の説明はなくても、動作の変化と文の変化を一緒に提示することで、will takeとbe takingそしてtookの対立が明確になる。場面がどう変わっていくか、その観察から自然に分かるようになる。実際に学習者自身で体を動かして動作をして文と結びつけることでこの違いがよりはっきり身に付く。

　リチャーズはdistraction（注意をそらすこと）の排除ということを強調している。とりわけ入門期には、学習者の注意を必要な点以外にそらさないよう、はっきり意

味が示されるようなまぎらわしくない場面の提示が必要である。教師は説明や質問をして教えるのではなく、学習者が自ら学びとれるようなはっきりした場面を提示し、学習を見守り、環境を整えることになる。

　学習者は教師から教わるのではなく自主的に自分でルールを見つける、創造的な「発見学習」である。生徒が主役で、教師はわき役である。自分で見つけたルールを使って自分で考えて言いたいことを言う、新しい文を作りだすことは生徒にとって新鮮な喜びとなる。「分かった」、「英語で言えた」という喜びを学習者は味わい、それは勉学の励み、意気込みとなる。

　教師が"I will give my pencil to you."と生徒Aに言えば、Aは"You will give your pencil to me."と言い、他の生徒は"You will give your pencil to A / him / her."と言う。またBが"I put my book in the bag."と言えば、他の生徒は"He / She put his / her book in the bag."と言う。教師の言う英語をオウム返しに言うのではない。自分でその場にあうような英語を話し、また学習者同士も学び合うことになる。

　Directという名前の通り、教えるのに母語は使わない。一般に直接法では教師は英文を易しく言い直し、生徒とのquestion―answerが主で、どうしても教師中心となりがちだ。また力のない学習者にはよく分からないままということもある。GDMでは日本語を通してではなく、実際の場面や絵などで文を直示的に導入する。英

語に対してある場面のイメージが描け、また逆にある場面に対して学習者が自発的に発言するようになっている。英語という新しい言語で考えることができるようになる。

　母語を使わなくてもはっきり英語が分かるのは、文がまぎらわしくない場面と結びつき、それらがうまく順序づけられているからである。結果的に授業時間はほとんど英語に接することになる。日本語との対応をいったん抑制することで、onと「上」のような日英語のずれ、音声面でも母語の発音の邪魔がなくなる。なおEPをこのようにdirectで学習していくと、英文を読むのも訳さないで、意味を理解できるようになってくる。

　リチャーズはブルーナーの教育心理学での人が物を認識する、つまり知識を獲得する3つのモードを重視した。それは筋肉感覚的モード、視覚的モード、そして言語的象徴モードである。彼はGDMでもこれら3つの様式をバランスよくとるようにした。先ず、場面の中で実際に指さしたり体を動かしたりして、2番目に絵やビデオに示された場面を使って、最後に文字を見せて読み書きをすると、一つの授業の中で全てを使って学ぶようにしてある。3様式全てを総動員してさまざまな感覚を使って学ぶようになっている。いわゆる4技能もすべてが最初の授業から組み込まれている。

　このようにいろいろな感覚を通して入ったものは、それだけ定着しやすい。リチャーズは「多経路の相関関

係」ということも考えていた。当時としては先端技術の映画やTVなどの教材も開発したが、これらはGDMのsequence, opposition, SEN-SITsの原理を応用するのに最適である。ベーシックがフィルムやＴＶなどに適しているのは、分析的構造で、動詞が実際の体の動きを示し、前置詞などが位置方向を示せるように視覚化しているからである。

　先に入門期に最適と述べたが、どの段階でもこれは英語の教え方として有効である。成人用、中高年向けなどのクラスもいくつもある。私自身は大学の基礎クラス（英語の学力が余りついてない学生向き）で長いことGDMで教えてきたが、これは英語の既習者にも理想的教え方だと確信した。他の教え方のクラスに比べて、GDMのクラスでは何より学生の学習意欲が比較にならない程大きかった。最後に書かせた感想でも、「授業が毎時間楽しかった」、「中学の時からこのような授業を受けたかった」などが目立った。

　覚えてきたことを言うのではなく、状況に応じて自分で考えて英語で言うことで達成感を味わい、自信を持つようになり、それがさらなる学習意欲へとつながる。英語が苦手だった学生は、どんな易しいことでも英語で自分の言いたいことが言える喜びが大きく、また力のある学生もやはり自分で場面に応じて意識的に反応して言うことはすばらしい、またすでに知っているはずの基本的動詞など改めてその使い方がよく分かったと言う。

GDMは学習者だけでなく、教師自身にとっても教えることが喜びとなっている。

　それほどすぐれた教え方なら、なぜもっと広がらないか不思議に思うだろう。先ずテキストが*EP*と決まっているため、公立の学校で同じ学年を他の教師と受け持っている場合など実践がなかなか難しい。それでもGDM研究会の会員たちは学校のそれぞれの状況に合わせて工夫しながら上手に実践している。初めのうちだけ*EP*を使うとか、検定教科書の内容をSEN-SITsの原理に基づいて組み直し、できるだけdirectで進めるなどなど。特にGDMは小学校英語には最適と思う。関西では小学校で実際にGDMを使って教えているクラスもあって、課題はあるにしてもその成果はすばらしいようだ。

　またGDMは*EP*を求めたからすぐ上手に教えられるものではない。教え方を十分習得してからでないと効果は上がらない。そのためには講習会、月例研究会、クラス参観などいろいろな方法がある。興味をもたれたら、是非どれかに参加してみることをお勧めする。ホームページhttp://www.gdm-japan.netでいろいろな情報が入手できるので、のぞいてみて欲しい。

　なお現在残念なことに多くのベーシック関連の本は絶版で入手できない。*EP*は元々自習用に作られているので、注意深く読み進んでいけばベーシック英語の力をつけるのにも大きな力となるので、利用してみるのもよいかもしれない。この*EP*はBook 1,2,3 まであるが、この

本をじっくり学んで、実際に英語の苦手だった方がすばらしい英語力をつけられた例もある。

第6章
ベーシック・イングリッシュを使ってみよう

　これまでベーシックの理論、実際の使い方など見てきたが、この章では実際にベーシックを使って英作文をしてみよう。文の要となる一番大切な基本動詞を広く使えるように、動詞ごとにまとめてみた。動詞については3章3で例をあげて説明したので、それを思い出してまたはもう一度見直して欲しい。やさしすぎると思われる方もおられよう。またむずかしくて出来ない場合でも、英文を見てベーシックではこのように表現できるのかと学んで欲しい。

　問題文の前にその語が取る文の型を記し、参考までに文の番号をつけておいた。なお今まで通り英文中の斜線はどちらでも使える、またかっこはその中の語句が省略できることを示す。問題文中のかっこは英語にする時の参考に。今まで「方位詞」とまとめてきたが、ここでは名詞の前では前置詞、単独では副詞としておく。

【be】

　He is a teacher / very happy. など「be＋名詞／形容詞」の型、He is in the room. など存在の場所及びHe is at work / in danger.（仕事中で・危険だ）など比喩的に状態を表す「be＋前置詞＋名詞」の型がある。またHe is back.（戻っている）のように「be＋副詞」だけのこともある。

「be＋名詞／形容詞」1, 3, 8, 10　「be＋前置詞＋名詞」5, 6, 9　「be＋副詞」2, 7　「There is＋名詞」4

1　ドアの所にいるあの男の人は誰なの。
　　彼は私の英語の先生です。
2　彼女は留守だけれど4時までには戻ってきます。
3　増税（increase of tax）についてあなたはどう考えますか。
4　あなた一人で全てする必要はない。
5　その機械は動いてない、故障している（out of order）。
6　最近は失業者がとても多い（多くの男女が失業…）。
7　さあ出かけよう。会は間もなく終わるだろうから。
8　彼女は読書は苦手だけど、料理はとても得意だ。
9　農夫たちは日照り続きでとても困っている。
10　彼がどこにいるか君が知らないとはとても残念だ（regret）。

1　Who is that man at the door? He is my English teacher.
2　She is out now but will be back by four.
3　What are your ideas /thoughts about / on the increase of taxes? ［*think*の代わりこれらの言い方で、またWhat view do you take of... も使える］

第6章　ベーシック・イングリッシュを使ってみよう　　167

4　There is no need for you to do everything by yourself.　［You have no need... でもよい］
5　The machine is not in motion / operation. It is out of order.　［be not going / working でもよい］
6　These days a great number of men and women are out of work.
7　Let's be off！ The meeting will be over before long.
　［「出かける」は go off / out とも言う］
8　She is poor at reading books but very good at cooking.　　［She is a good cook とも言う］
9　The farmers are in great trouble because of the long dry weather.
　［great の代わりに deep, serious なども、また「困っている」は at a loss, badly off, be troubled, または have a hard time などとも言う］
10　It is a great regret that you are not certain where he is.
　［「知らない」は be unable to say, また have を使えば have no idea / knowledge でもよい］

【do】

「do + 副詞」3, 5　「do + 名詞 + 名詞」4
　後はすべて「do + 名詞」
1　私たちはアメリカの会社といくらか取引をしている。
2　今夜は何をするつもりですか。やらなくてはならな

いことが沢山あります。
3 うちの息子は学校で英語の成績はよいが、スポーツは苦手だ。
4 一晩ぐっすり寝れば君はよくなるでしょう。
5 調子はどう。仕事はじきやり終えそう (get through)。
6 それはあなたとは関係ないから心配しないで。
7 昨夜の激しい風が家々に深刻な被害をもたらした。
8 このあたりの騒音について警察が何かして欲しい。
9 私は彼女が借金 (debt) から抜け出るよう出来ることは全てやった。
10 それらの変化でも彼らは幸せにはならなかった (do nothing)。

1 We do some business with American companies.
2 What are you going to do tonight？ I have a great amount of work to do.
 [muchは否定、疑問文でよく使われるが、肯定文では余り使わない。a *lot* ofの代わりに「たくさん」は量ならa great amount ofを、数ならa great number ofを使う]
3 My son does well at school in English but he is poor / bad at sports.
4 A good night's sleep will do you good.
5 How are you doing？ Will you get through the work

第6章　ベーシック・イングリッシュを使ってみよう　　169

in a very short time?
6　It has nothing to do with you, so don't be troubled.
7　The violent wind last night did great / serious damage to the houses.
8　We are hoping the police will do something about the noise round here.
9　I did everything possible to get her out of debt.
10　The changes have done nothing to make them happy.

【have】
すべて「have + 名詞」の型。
1　お茶をもう一杯いかが。
2　彼女は頭脳明晰で、思いやりもある（はっきりした頭と温かな心を持つ）。
3　彼の手紙をさっと見てすぐ返事を出しましょう。
4　この瓶には飲み薬がいくらか入っている。
5　彼らはその国でひどい目にあった。
6　彼はもっといろいろ知ろうと海外に行くことを強く望んでいる。
7　私たちはその問題について彼らと真剣に話し合わなくてはならなかった。
8　私は記憶力が悪い。彼女の名前を完全に忘れている。
9　あなたの意見は彼の考えによい影響を及ぼすだろう。
10　彼は若い時ほどはたくさん飲まない。

1 Will you have another cup of tea ?
2 She has a clear brain head and a warm heart.
3 Let's have a quick look at his letter and send him the answer straightaway.
 [「すぐ」はas early as possible, very quickly, in a short timeなども使える]
4 This bottle has some medical liquid in it.
5 They had a bitter experience/time in that country.
 [unhappyでもよいし、またThey were in great trouble... などとも言える]
6 He has a great / strong desire to go overseas to get more knowledge.
 [He is hopingやHe has a great hopeでも, またgo to other countriesでもよい]
7 We had to have a serious talk with them about the question.
8 I have a poor memory. Her name has gone out of my mind completely.
9 Your opinion will certainly have a good effect on his thought.
10 He does not have / take as much drink as he did when he was young.
 [drinkの後にof waterなどつかないと「酒を飲む」意味のことが多い]

第6章 ベーシック・イングリッシュを使ってみよう　171

【come】

「come＋形容詞」3 以外はほとんど「come＋(前置詞＋名詞)」。

1　いつでもこれらの本を見にいらっしゃい。
2　旅行に必要なお金はすべて父が出してくれた（父から出た）。
3　作家になるという私の夢はいつか実現するだろう。
4　このニュースはあなたには意外（驚き）だろうけど、彼女は結婚したのだ。
5　ニューヨークに行こうという考えが突然思いついた。
6　彼は一生懸命働いたけど、無駄だった。
7　道で彼に偶然会った時、彼が誰だか分からなかった。
8　彼の名前は忘れてしまったが、いつか思いつくだろう。
9　その古い建物を取り壊す（take down）ことに決心した。
10　その悪い知らせを聞いた（耳に入った）時彼女は突然叫び声をあげた。

1　Come and take a look at these books anytime.
　［toの代わりにandはよく使われる、Come and see me.（遊びにいらっしゃい）など］
2　All the money necessary for the journey came from my father.
3　I hope my dream of becoming a writer will come true some day.

4 This news may come as a surprise to you, but she got married.
5 The idea of going to New York suddenly came to me/ mind. ［I got the idea of going... でもよい］
6 His hard work came to nothing / got him nowhere. ［英語ではこのような無生物主語もよく使われる］
7 When I came across him on the street, I had no idea who he was.
8 I have no memory of his name, but it will come back to me some time.
  ［「忘れる」はnot have /keep...in mindや ...go out of my mindなどの言い方もある］
9 We came to a decision to take down the old buildings.
10 When the bad news came to her ears, she gave a sudden cry. ［Hearing the bad newsでもよい］

【go】
「go + 前置詞 + 名詞」1, 2, 4, 7, 10「go + 副詞」3, 5, 6, 8, 9
1 地球は太陽の周りを1年に1回まわる。
2 このバスは駅に行きますか。いいえ違います。次の停留所で降りて12番にお乗りなさい。
3 家中の電気が突然消えてしばらくつかなかった。
4 その小さな女の子は食事をしている間に眠ってしまった。

第6章　ベーシック・イングリッシュを使ってみよう　　173

5　楽しいときは時間がすごく速く過ぎるようだ。
6　ミカンは女の子たちみんなに行き渡る（go round）だけなかった。
7　電車は脱線し横倒し（get turned over）になった。
8　飛行機は離陸してすぐ何か調子が悪くなった。
9　全てうまくいかなかった（go wrong）ような気がする。
10　間違いがないかもう一度答えを見直す方がよいですよ。

1　The earth goes round the sun one time a year.
2　Does this *bus* go to the station? No, this is the wrong *bus*. Get off at the next stop and take the No. 12 *bus*.［バスを間違えて乗った時に］
3　All the lights in the house suddenly went out and didn't come on again for some time.
　　［人が明かりをつける、消すはput onとput out / off］
4　The little girl went to sleep while she was having a meal.
5　When we are happy, time seems to go by very quickly.
6　There were not enough oranges to go round to all the girls.
7　The train went off the rails and got turned over (on its side).
8　Something went wrong with the airplane right after it took off.

9 I have a feeling that everything has gone wrong.
10 It is better for you to go over / through the answers again to see if there is any error.

【get】

「get ＋ 名詞／形容詞」1, 2, 7, 9, 10 「get ＋ 名詞 ＋ 形容詞」5, 6 「get ＋ 前置詞 ＋ 名詞」8 「get ＋ 副詞」3, 4

1　彼は新しい家を手に入れるくらいお金を持っている。
2　塩をとってくれませんか。
3　できる限りの（あらゆる種類の）試みをしてみたがうまくいかなかった。
4　いろいろな理由で私たちはうまくやって行けなかった。
5　６時までに食事を準備しなければならない。
6　できるだけ早くエンジンを始動させなさい。
7　戦争が長く続くので、事態はますます悪くなっていく。
8　彼女は彼の死のショックを乗り切るのに長い時間がかかった。
9　新しい職場での仕事に少しずつ慣れていくでしょう。
10　もしこんなふうな生活を続けていれば、あなたはきっと病気になりますよ。

1　He has enough money to get a new house.
2　Will you please get the salt for me / get me the salt ?
　　[*Pass* me the salt ということも多い]
3　I made all sorts of attempts but I got nowhere.

[どこにも達しないとは「成果が出ない」ことを、they were of no use, they came to nothingなどでもよい]

4 For a number of reasons we were unable to get on well / happily together.
5 We have to get the meal ready by six.
6 Get the engine started as early as possible.
7 Things are getting worse as the war goes on for a long time.
8 It took her a long time to get over the shock of his death.
9 You will get used to the work in the new office little by little.
10 If you go on /keep living (in) this way, you will certainly get a disease / get ill.
  [「こんな」はlike thisも、「きっと」はwithout doubt, there's no doubtでもよい]

【give】

「give + 名詞 + 名詞」4, 5, 6, 7, 9 「give + 名詞 + to + 名詞」1, 8　2と3はどちらでも、「give + 副詞 + 名詞」10。

1 少年たちは私の質問に面白い、驚くような答えをした。
2 私が充分気をつけなくて大変ご迷惑をおかけしました。
3 彼の死の知らせで私たちはみんな衝撃を受けた。
4 棚の上から箱を下ろすのを手伝ってくれませんか。とても重いので。

5 　中身を使う前にビンをよく振ってください。
6 　ドアを何度も強く押したり引いたりしたけど開けられなかった。
7 　彼はその日何が起こったかを詳しく話してくれた。
8 　英語の学習に大変な時間を使ったけれども、効果がなかった。
9 　会社は従業員たちに機械の制御について訓練をする。
10　その知らせが確かめられるまで希望はあきらめません。

1　The boys gave interesting and surprising answers to my question.
2　I didn't take enough care and have given you a great trouble.
3　The news of his death gave a great shock to us.
4　Will you give me help / a hand taking down the boxes from the shelf? They are of great weight.
5　Give the bottle a good shake before using what is inside.
6　I gave the door strong pushes and pulls but I was not able to get it open.
7　He gave us a detailed account /story of what had taken place on that day. [take placeの代わりに come about, come up（起きる）などでもよい]
8　I had given a great amount of time to learning English but it had no effect.

[最後はit was all wastedでもよい]
9 The company gives the workers training in controlling the machines.
10 I will not give up hope till the news is made certain.

【make】
「make + 名詞」4, 5 「make + 名詞 + 動詞」7
「make + 名詞 + 形容詞」1, 3, 8, 9, 10
「make + 名詞 + 前置詞 + 名詞」2, 6
1 彼らは今その道路を拡張をしている。
2 この地域の家はほとんど赤レンガで作られている。
3 彼の手紙に私はすごく腹を立てた。彼とは二度とかかわらないつもりだ。
4 この新しい商売でもうかるか（profit）どうかはわからない。
5 前もって（beforehand）質問をリストにしておいた方がいいですよ。
6 ベーシック・イングリッシュを充分利用すれば、君の英語力はぐんと伸びるでしょう。
7 あなたが今しゃべっていることで、あなたは分別があまりないと思われますよ。
8 ことばは人を他の動物と区別する一種の道具だ。
9 あなたの誤りで生じた損失には責任は負えません。
10 新幹線で青森まで3時間ちょっとで行けるようになった。

1　They are now making the road wider.
2　 Almost all the houses in this part of the country are made of red brick.
3　His letter made me very angry. I am going to have nothing to do with him again.
　　[have something to do with... で「かかわる」の意味]
4　We are in doubt if this new business will make a profit or not.　[「分からない」はit is not clear / certain, we are unable to sayなどでもよい]
5　It is better to make a list of the questions beforehand.
6　If you make full / the best use of Basic English, your English will get much better.
　　[make headway / go forward quicklyとしても「進歩する」の意味になる]
7　What you are saying now will make you seem to have little sense.
　　[3,7など無生物主語が英語では多い。日本語をそのまま直訳するより英語らしい]
8　Language is a sort of instrument which makes men different from other animals.
　　[「AとBを区別する」のはseparating A from B, put A and B into different groupsなどと言う]
9　We are unable to make ourselves responsible for the loss caused by your error.

第6章　ベーシック・イングリッシュを使ってみよう　179

10　The Sinkansen (the Bullet train) made it possible to get to Aomori in a little over three hours.

【put】

「put + 名詞 + 前置詞 + 名詞」1, 4, 6, 7, 8, 9
「put + 名詞 + 副詞」2, 3, 5, 10　名詞は後でも。

1　私は彼女の写真を自分の部屋の壁に張った。
2　寝る前に必ず家中の電気を消さなくてはいけない。
3　彼女はお母さんからもらった（ゆずり受けたhand down）指輪をはめた。
4　彼女は私の亡くなった母を思い出させる（put in mind）。
5　あなたの考えをまとめて率直に書き留めなさい。
6　思っていることが英語で楽に言えますか。
7　彼が元気（force）で希望にみちているのを見て私は安心した（心がしずまる）。
8　彼女はちょっとためらって（考える時間をとって）から彼の腕に手をかけた。
9　彼は言い訳（自分を正しいと主張）しようと努めたが、事態をもっと悪くさせた。
10　単純な行為の名前を空間内の方向を表す名前と一緒にすると「動詞」が出来る。

1　I put her picture on the wall of my room.
2　You have to put off / out all the lights before you go

to bed.
3 She put on the ring handed down from her mother.
4 She puts me in mind of my dead mother.
5 Get your ideas together and put it down in a straightforward way.
6 Are you able to put your thoughts into English without much trouble？　[「思っていること」はwhat you have in mindでも、また「楽に」はreadilyを使ってare you readily able to...？でもよい]
7 My mind was put at rest when I saw him full of force and hope.
8 After taking a little time for thought, she put her hand on his arm.
9 He made an attempt to put himself /things in the right but it made things much worse.
[「言い訳」はa reason for what seems wrong]
10 If you put together the name of a simple act with the name of a direction in the space, you make a *verb*.
[これはベーシックで一般動詞を作る代表的方法]

【take】

「take＋名詞」6, 7　「take＋名詞＋前置詞＋名詞」1, 4, 8, 9
「take＋名詞＋形容詞／副詞」2, 3, 5, 10
　2のoffのような副詞は名詞の前後どちらにもおける。
1　彼女はかごからリンゴを１個取り出してテーブルに

第6章　ベーシック・イングリッシュを使ってみよう

おいた。
2 彼は家に入ってからコートを脱いでフックにかけた。
3 私はその知らせをそんな風にはとらない。あなたは間違っているという気がする。
4 わたしの名前を名簿からはずしてください。
5 彼はその気の毒な老いた女性からお金を全て取り上げてしまった。
6 彼らを幸せにするのはたやすいことだ。
7 彼は息子たちを大学に出すためにすごく苦労した。
8 この問題を真剣に考える必要がある。
9 久しぶりの彼からの手紙でわたしの心の重荷は下りた。
10 歯が1本ぐらぐらしてきたから抜いてもらおう。

1 She took an apple out of the basket and put it on the table.
2 After he came into his house, he took his coat off and put it on the hook.
3 I don't take the news that way.I have a feeling you are wrong.
4 Please take my name off the list.
5 He took away all the money from the poor old woman.
6 It takes very little to make them happy.
 [it is simple, it gives no trouble... などとも言える]
7 He had / took much trouble to get his sons through

college.
［go through a hard time などでもよい］
8 It is necessary to take the question into serious thought.
［後半は give... serious / much thought でもよい］
9 His first letter in a long time took the weight off my mind.
10 One of my teeth has come loose and I will have it taken out.
［前半は I got a loose tooth でもよい。後半の have は使役の意味である］

【keep】
「keep +（名詞）+ 副詞（句）」1, 7
「keep (＋名詞) + -ing」4, 8, 10
「keep + 名詞 + from + ...ing」2, 3, 9
「keep + 名詞 + 前置詞 + 名詞」5, 6

1 このケーキはどのくらいもちますか。1週間以上大丈夫です。
2 このカーテンは遮光（光を通さない）です。
3 肉が腐らないように冷蔵庫に入れた。
4 彼女は私たちを1時間近く待たせた、支度が長かったので。
5 ちょっとこの荷物を見ていてください。
6 あなたはいつも体調を整えておかなくてはならない。

第6章 ベーシック・イングリッシュを使ってみよう　183

7 お忙しい（することが沢山ある）でしょうから、これ以上お引き留めしません。
8 森の中はとても寒く、火をずっと燃やし続けた。
9 雷のうるさい音で昨夜は眠れなかった。
10 あなたは同じ誤りをくり返している、もっと注意しなさい。

1 How long will this cake keep? It will keep/be kept more than a week.
  [賞味期限はexpiration dates（米）, best-by / best-before dates（英）, 消費期限はuse-by datesなどと言う]
2 This curtain keeps the sunlight from coming in.
3 I put the meat in the icebox to keep it from going bad.
4 She kept us waiting almost an hour. It took her long to get ready.
5 Will you please keep an eye on this bag?
  [Don't take your eyes off this bag.（目を離さないで）ではeyeは複数になる]
6 You have to keep yourself in good condition all the time.
7 I am certain you have much to do, so I won't keep you any longer.
8 It was so cold in the wood that we kept the fire burning all the time.
9 Last night the troubling sound of the thunder kept

me from sleeping.
10 You keep making the same error again and again. You have to take better care.

【Let】
「let + 名詞 + 動詞」1, 2, 7, 8　「let's + 動詞」6, 9, 10
「let + 名詞（+動詞）+ 副詞（句）」3, 4, 5
1　その手紙見せてくれませんか。
2　10分ほどお邪魔させて（時間を取らせて）ください。
3　この窓は外のうるさい音を通さない（防音）。
4　その秘密は誰にも知らせないようにしよう。
5　その気持ち悪い昆虫が外に出るように窓を開けた。
6　どこか静かな所に行ってゆっくり話しましょう。
7　お母さんが私に映画を見に行かせてくれるといいのだけれど。
8　その国で私が見たことを話させてください。
9　彼らとこれ以上議論（argument）をするのはよそう。
10　これがその病院までの正しい道かどうか地図を見てみよう。

1　Would you let me see the letter?
2　Let me take up ten minutes of your time.
3　This window doesn't let in the outside sound.
4　We will let nobody into the secret.
5　I got the window open to let the disgusting insect

第6章　ベーシック・イングリッシュを使ってみよう　　185

out（of the house）.
［3, 4, 5のlet in/ outなどはその前にcomeなど動詞が省略されたとみられる］
6　Let's go somewhere quiet and have a good long talk.
7　I have a hope / I am hoping mother will let me go to see a（motion） picture.
8　Let me give a talk / story of what I saw in that country.
9　Let's not have an argument with them any longer.
10　Let's have a look at the map to see if this is the right way to the hospital.

【seem】
「seem + to + 動詞」7, 9　「seem（+ to be）+形容詞」1, 2, 4, 6, 10　「seem + that」8　「There seem…」3, 5
1　そのニュースは全く不確からしい。
2　忙しい（することがたくさんある）時は1か月が1週間のように思われる。
3　彼が結婚する見込みはほとんどない（しそうもない）。
4　あなたは私に腹を立てているようだけど、あなたに悪いことは何もしていない。
5　彼がしたことには何ら問題はなさそうだ。
6　その仕事はみかけ（思われた）ほど簡単ではない。
7　戦争は近いうちに終わりそうだ。

8 彼が試験に通るチャンスはあまりなさそうに思える。
9 月日がたつにつれ事態はもっと悪くなっていくようだ。
10 今日はとても温かく冬のようには思えない。

1 The news seems (to be) quite uncertain.
  [to beは省略されることも多い]
2 When we have much (work) to do, every month seems to be a week.　[前半はwhen we are working hardとかour time is taken upなども使える]
3 There seems to be little hope of his getting married.
4 You seem to be angry with me but I've never done anything wrong to you.
5 There seems to be no question in what he has done.
6 The work is not so simple as it seemed.
7 The war seems to come to an end in a short time / in the near future.
8 It seems to me that he does not have much chance to get through the test.
  [He does not seem to have…でもよい]
9 As time goes by, things seem to be getting worse.
10 It is so warm today and it does not seem like winter.

（例文中ベーシックにないcomputer, busなどよく使われる語はイタリック体で使用した。またsport, policeなど国際語はそのまま使った。）

第7章
ベーシック・イングリッシュの考案者 C.K. Ogden（1889-1957）

　このような画期的な「ベーシック」という言語組織を考え出したオグデンとは一体どんな人物なのだろうか。彼はベーシック以外にも言語学者、哲学者、心理学者として数々の業績を残したが、どういうわけか一般にはあまり知られていない。まわりの人々からはgenius（天才）、polymath（博識家）、eccentric（奇人）などと言われている、大変興味深い人物である。

1　ケンブリッジ大学での活躍、ベーシック考案へ

　オグデンは1889年、イギリスの教育熱心な家庭に生まれた。幼い時から学業はもとより、スポーツ、ピアノ、チェスなど何事にも優れていた。サッカーは特に得意で、選手への道を考えていたが、病のためスポーツから学問へと方向転換をした。

　ケンブリッジ大学では古典学専攻で、「ギリシャ語のギリシャ思想への影響」を専門に研究した。ことばの思考に及ぼす影響というこの題目は、後に言語一般に広がり、彼の生涯のテーマとなった。あいまいなことばで思考が混乱することを word magic「ことばの魔術」と呼んで、この問題に真剣に取り組んだ。先にもふれた『意味

の意味』でこの問題を取り上げて論じ、その実践的解決法がベーシックでもあった。

　大学時代、討論の会を設立して定期的に講演会を主催し、また会員たちが自由に討論出来るようにもした。題目は政治、経済、宗教、文芸、科学など多岐にわたった。さらに『ケンブリッジ誌』という大学の週刊雑誌を創刊して編集を続けた。内容はこれもまた自由で幅広い分野が取り上げられた。

　彼はどういうわけか著名人に顔が利き、彼らに講演や原稿の依頼ができた。また彼本人も教育や人口問題、音と光、劇場の色彩など、また当時余り問題にならなかったフェミニズム、労働組合、さらにはまだタブーだった産児制限や無神論の問題まで取り上げて論説や記事を載せた。『ケンブリッジ誌』は当時同種の大学雑誌では最大の発行部数を遂げ、大学内外の注目を浴びた。

　この雑誌で特筆すべきことは、第一次大戦中に200種類もの外国の新聞雑誌から政治論争などの記事をかみ砕いてその要約を載せたことである。敵国であるドイツ側のニュースまできちんと発表し、イギリスでの刊行物が一方的で欠けている情報を補った。戦時中、読者が均衡のとれた、理性的、人道主義的態度を持ち続けるのに大きな役目を果たしたと言われている。これは大変な仕事だったろうが、多くの協力者を得て翻訳に励んだ。しかし反面、ドイツびいき、平和主義者などのレッテルを貼られ、これを快く思わない人々もいた。結局オグデンは

学部卒業後も10年ほどこれらの仕事にたずさわり、まさにケンブリッジの知的運動の中心人物だった。

　ラッセルは討論会の名誉会員でもあり、この雑誌にも何度か寄稿してオグデンとは長い付き合いだった。彼はホワイトヘッドと共著で『数学原理』を著し、数学をごくわずかな要素に戻して、それですべての命題が立てられるという考えを発表した。当時大学ではこの考えに湧いていた。科学のことばも少数の用語で表せるというこの考えは、オグデンにも当然大きな影響を与えたはずである。

『ケンブリッジ誌』終刊前の1920年には、*Psyche*（サイキ）という心理学を中心にした定期刊行誌が刊行され、オグデンは創立メンバーの1人だった。その後30年以上もこの出版社、ケーガン・ポールの編集員、後に編集長として、論説その他おびただしい数の記事を書いた。記事の焦点は徐々に言語学関係に移り、ベーシックが発表されたのもこの誌上（1930年1月号）だった。以後ベーシック関係の記事が主になり、巻末には本部及び各国での普及活動の様子が報じられた。これはオグデンの言語研究、特にベーシックの最重要媒体となった。

『サイキ』ははじめ年4回、次に年1回となり、そして17号は2年遅れて第二次大戦の開始2週間前に刊行された。ところが18号は何とその14年も後の1952年に出版されて、これが最後となった。大戦がいかにベーシック運動にも大きな打撃を与えたかがうかがい知れる。

実はベーシックと深くかかわる、この分厚い雑誌全18巻は長年絶版だったが、1995年イギリスの出版社と日本の紀伊国屋書店が共同で復刻版を出した。ということは、その重要性が現在においても認められたからであろう。

　オグデンはこの他にも同じ出版社で数年の間に5種類もの学術書のシリーズ編集をした。中でも心理、哲学、科学などの国際叢書は150冊以上出し、20世紀における最もすばらしい学術叢書と言われている。ピアジェ、ユングなど当時目覚ましい発展を遂げた心理学や、その関連科学での最新の成果を入手しやすい値段で供給した。こうして大陸の思想を英国に紹介した功績は大きい。5つもの叢書の編集をいずれもほぼ成功させたとは信じがたいことである。これも彼が広い範囲の分野で批判的、または新しい考えを持った人々を知っていたから出来たことだ。

　これら編集の仕事以外に彼は翻訳までこなしていた。最も有名なのはヴィットゲンシュタインの「論理哲学論考」で、これを英語圏の人に読ませた功績は偉大だと言われている。何度も再版してオグデン訳は長く読まれた。ヴィットゲンシュタインの考えは経験を超えた所には我々の知りうるものはないと言う「検証可能性」の原理で、明晰に語りえないものを哲学から追放しようとした。この書は言語の限界をはっきりさせ、ことばが考えをあいまいにすることを指摘して観念的な「大言壮語」

を一掃することを目指した。「少数かつ単純なことばの組み合わせで全てが明晰に語り得る」というオグデンの信念に合致している。

その他「アリの社会生活について」（5巻）を初めとして何冊かをドイツ語などから英訳した。ちょうどベーシックの完成間近で多忙の時期というのに、人間業とは考えられないことだ。後に何冊もの普通英語で書かれた本をベーシックに訳した。聖書をはじめ、いくつもの小説など、中には難解で有名なジョイスの*Finnegan's Wake*の一部もベーシック訳をし、ジョイス自身それを気に入っていたそうである。

これほど多方面の活動をしながらも、彼の最優先の課題は少数の基本的語彙で明快な意味が表せるような言語組織の考案だった。ただ一見、関連のなさそうな仕事も、彼にとってはこの課題と何らかの形で結びついていたと思われる。

2　天才、博学家オグデン

Encyclopedic Dictionary of Semiotics（記号論百科事典）(1994) はオグデンを "Cambridge polymath"（ケンブリッジの博学家）と形容し、人文科学がまだ現在のように専門化していない時代に、著しい幅と理解を持った思想家と記している。彼の死に接し、報道関係もオグデンに博学家、知的企業家などのレッテルを貼った。確

かに今まで見てきたように、凡人には不可能なほどの広範囲にわたる業績を数々残してきた。編集、翻訳の他に、彼自身が著した本はベーシック関係20冊ほどの他ベンサム関連、心理学、美学など様々な分野にわたっている。論文などは無数と言えるほどである。

　先ず彼の博識ぶりを示す事例を一つ紹介しよう。1926年『ブリタニカ百科事典』の13版として3冊の補完が出版された。彼はこれについて*Saturday Review of Literature*紙に書評を書いた。百科事典の正当な批評など、よほど広く深い知識がなくては出来るものではない。その抜粋を読んで、私もただ驚くばかりだった。

　そこには100人以上の名前がしかじかの理由で、掲載の必要はないとか、逆に当然載せるべきとしてあがっている。固有名詞のつづりの間違いも2桁以上指摘されているが、それらは当然あらゆる分野にわたっている。しかもリチャーズによれば、彼はこの離れ業を2、3晩のうちに楽しんで書き終えたとか。結果的にブリタニカ出版社は彼の書評の載った新聞を売場から出来るだけ早く買い取ろうとしたようだ。彼の百科事典的な知識は、画期的なベーシック考案とも深く結びついていただろう。

　オグデンはまた余り知られていない外国語をいくつも学んでいた。カリフォルニア大学LA校の資料の中に私は何冊もの彼の手帳を見つけた。それらの手帳にはギリシャ語をはじめヘブライ語、イラン語、シリア語、アルメニア語、中国語、韓国語、カンボジア語など20か国

第7章　ベーシック・イングリッシュの考案者C.K. Ogden(1889-1957)　193

語近くをしっかり独学した跡が見られる。それぞれの文字を練習し、単語には絵や英語で説明を付け、文まで書いている。時期はいつか記されていなかったが、ベーシック考案とも関係あるのだろうか。彼の精力的な活動にただ感服するばかりだった。

また音の研究にも彼は深い関心を示し、ストレスやリズムを研究した長い論文も発表している（1935）。当時音の再生の科学的発展もみられ、蓄音機は6台も、その他映写機などを備えたセンターを開設していろいろ実験していた。東洋からもさまざまな言語のレコードを200枚ほど購入している。オグデンは機械類を研究して発明するのも好きだった。ベーシックの応用研究を促進する委員会を作って、発明品の研究をしたり特許を取ったりしていた。

当時ベーシック考案に最も深く関わったリチャーズは、オグデンの才能について次のように語っている。彼はすばらしい学者で、その学識は古典学の教授職にも充分過ぎるほどだったが、その道は取らなかった。余りにも多くの事に、事実専門以外のほとんどすべての分野に興味を持ち、何でも出来すぎたことがかえって正当に評価されなかったのだろうと思われる。

彼はまた面白い話を語っている。後のベーシック開発に大きな力となっただろうが、オグデンはどんなことでもいろいろと言い直すことができた。そこである時彼はUniversal Rephraser（万能言い換え屋）という商売をし

ようと言い出した。考えをことばに言い表せない人のために、そしてその宣伝のパンフレットには「あなたには考えがある、私たちにはことばがある」と書かれていた。でも実のところオグデンには考えもことばも両方備わっていたのだと語っている。

　博学であるというのには、天賦の才に加えて読書からの知識もあったはずだ。オグデンは本も貪欲に購入したが、それも自分の研究に有用かどうか、その価値を本能的に見抜く才があったそうだ。彼はおびただしい量の蔵書家で、ある友人は彼の部屋を描写して次のように語っている。「雑誌や冊子の山の端を一歩一歩踏んで２階の部屋に入ると、オグデンは本や骨とう品の間を曲がりくねって通り抜け、たまたま何も置かれていないイスへ導いてくれる。まわりの本棚の本の種類は無限と言えるくらいで、さっと見ていっても夜が明けそうだ」と。事実ここは夜の部屋で友人の中でも昼間入ったものはいなかったとか。

「一体こんな多くの本を実際に読むのか」と誰もがいぶかるが、実際に読んでいるようだった。リチャーズも彼の本の多くに紙片が挟まれ、空白部にオグデン独特の字体で細かく書き込みがしてあったと言っている。私自身もロンドン大学で彼の蔵書の何冊かを見たが、メモや下線が記されていて、これがオグデンの筆跡かと感動した。さらにリチャーズによるとオグデンはどんな分野のものでも、今自分に関係のある本のページをパッと開く

第7章　ベーシック・イングリッシュの考案者C.K. Ogden (1889-1957)　　195

という透視能力のような技を持っていたそうだ。

　彼の蔵書には古い文書、貴重な初版物、世界でも最も立派と言えるコレクションなどあったが、1953年ロンドンのUniversity Collegeがそれらを買い取った。これはちょうどベーシック研究所への国からの援助金が終わった年で、財政を救うためだったろう。また死後、残された6万冊からの本は他の文書と共にカリフォルニア大学LA校が購入した。この中にもオグデン自身が使った15世紀から20世紀の出版物が含まれ、その多くは原版で非常に貴重なものだと当時の学長が購入の理由を記している。

　それら以外、主に英国だが、何ヵ所かの大学図書館内にOgden Archivesがあり、オグデンのベーシック関連の本、文書などが大切に保管されている。特にカナダのマクマスター大学には彼が取り交わした信じがたいほど大量の手紙があり、すべてきちんと整理され、大切に保管されている。私も何度かそこを訪れて見せてもらったが、コピー機などない時代に大量の発信の写しをとり、返信を保存しておいたのはまさに驚きだ。またあれほど忙しいオグデンが受け取った手紙にすぐに返事を出しているのにも感心した。

　それにしても、おびただしい量の本を読んだり書いたりする時間は一体何時あったのだろうか。リチャーズは『意味の意味』を一緒に書いている頃、オグデンはロンドンで編集などの仕事を終わり、最終列車でケンブリッ

ジに戻って、深夜1時頃から明け方4時か5時ごろまで仕事をしたと記している。

先に彼の部屋を描写した友人も、それに続けて次のように記している。"Ogden slept in the morning, went under way by mid-afternoon, and really blossomed as night fell." (彼は朝寝て、午後起きて活動始め、夜更けまさに花開いた) と、つまり執筆などに専念したのは夜中だったのだ。

彼の膨大な仕事量には友人たちもまさに不思議、神秘的だと言っているが、彼特有の効率的時間の使い方、同時に別々の働きができる極めてまれな才能を持っていたのだろうと結論づけている。時間のやりくりと共にもう一つ初期の頃の謎は、彼の財政的やりくりだった。

雑誌なども余り利益も出ず、印税も滞りがちなのに、信じがたいほど多量の本を買っていた。古書の他にも時計、オルゴール、切手、コインなど幅広く骨とう品を収集し、しかもそれらの専門家でもあった。珍しくて、価値のあるものを見抜く本能的な才能があって、売買には決して損をしなかったそうだ。もし株の取引にもっと興味を持てば大儲けしたはずだと友人たちは述べている。オグデンは市場のセンスもすばらしく、財政も彼の何でも出来る驚くべき能力の一つと彼らは評価している。

オグデンは本からでも人からでも多様な情報、知識を上手に吸い取る超人的能力を備えていた。彼のまわりには自然に様々な分野の知識人が集まり、その人々から知

識を吸収して自分のものとして自由に使えるようにしていたそうだ。リチャーズは彼のこの特殊な技に感嘆している。7つものクラブに所属して多くの知識人との語り合いを楽しんでいたが、彼の貢献はまさに彼らの中央に位置して、言語学その他幅広くいろいろな考えをあちらこちらから吸い取って融合することだった。親しい友人たちはこれほどの知識人が軽視されているのは異常で、学問の世界での狭量さは理解しがたいと憤りを覚えていた。ある友人は彼が余り注目されなかった要因をいくつかあげている。社会的に表立つことをしない、興味が広すぎる、専門的学問と離れている、風変わりだなど。学問の世界でもあれほど業績をあげながらアウトサイダーだった。

彼の出版物、論文などのリストを見れば、言語学、心理学、哲学、社会学、美学、動物学に至るまで彼の研究がいかに幅広い分野にわたっているかが分かる。当時の英国では、学問の世界でも何でも出来るというのは歓迎されない傾向があった。技術の進歩と共に専門化が進んでいく中で、どれか一つ専門の分野に属するのが普通だったからだ。彼の著しい特質はいろいろな分野の学問を融合することだったが、アカデミックの世界では当時これはまだ盲点だった。

現在、学問の世界でも専門はますます細分化してきたが、他方学際的研究の必要性も高まってきている。そこにオグデンの先見性がみられるではないか。彼が生まれ

たのは「早すぎた」とも言えよう。

3 奇才、変わり者オグデン

　友人の1人は、「もし『現代イギリスの偉大なる奇人たち』という本を書くとしたら、先ず第一章にオグデンを取り上げよう。これは頭の中で描いているだけだがとても楽しい本なのだ」と述べている。

　確かにオグデンは天才でもあったが、他方変わり者、奇人との評もあって、いくつもの逸話を残している。学生時代、一方の端にバルブが付いて赤くなる偽のたばこをふかしたり、バーナード・ショーのしゃべるのを逆からレコードに録音したりしたそうだ。ただこれらも理由がないことではなかった。タバコは健康上吸えなかったが、スモーカーとしゃべる時には仲間意識を作った。逆からの録音は音の性質を分析する目的があった。

　物の収集もただの趣味だけではなく、科学的に価値のあるものを集めてちゃんと利用していた。例えば切手も収集したが、それらを色彩調和の色テストに用いて色彩学の論文を書き、さらに800枚もの切手は *Basic by Picture Stamps* という本で切手の絵をベーシックで説明するのに利用している。中には鳥の置物で、ベーシックで頼んだ時だけ歌を歌うなどという珍しい物もあったそうだ。つまり彼の扱った物は他の人には奇妙に見られても、彼にとっては理に適っていたのだった。

第7章 ベーシック・イングリッシュの考案者C.K. Ogden (1889-1957)

　彼と親しく付き合ってきたリチャーズは信じられないような話をいくつも語っている。イギリスのあの有名な環状の石柱群、ストーンヘンジをオグデンは買い取ろうかと真剣に考えていたそうだ（現在は世界遺産に指定）。あんな大きな物を一体どうするのかとあきれたが、彼自身はその使い道が考えられないなんて頭にないようだったと述べている。

　またオグデンは編集などいくら忙しい時でも、いつも夜の3時頃にちょっとした脇道に時間を割いて夢中になっていた。そのうちの一つに超心理学とでもいうものがあったとか。

　ある朝2人が散歩していて教会の脇を通った時、リチャーズは奇妙な光景を目撃した。たまたま何年も会ってない共通の友人について口にすると、オグデンは「そう、誰か言っていたな、彼のいる所は…」と言って急に口を閉ざした。彼の目が何かをとらえた。教会の大きな壁と壁の間で、小さい紙片がくるくる舞っていた。オグデンはそれが飛んで行くのをさっと捕まえた。紙片にはきれいな手書きでPernambucoとだけ書かれていた。それはブラジルの州の名前で、まさにオグデンが言いかかった友人のいる場所だった。リチャーズの驚きはどんなだったろう。以来2人は偶然の一致を「ペルナンブコ」と呼んで楽しんだそうだ。

　このような仲間内での楽しいいたずらはともかく、オグデンは公の場でもあっと言わせるようなことをした。

第二次大戦中、チャーチルはハーバード大学で名誉学位を授与され、その授与式の講演で英米の協調を訴えた。演説の中でベーシックの簡素化の有用性を称え、共通の言語が共通の市民権の基盤になるとして、政府として支持する旨を話した。それまで名前も大して知られていなかったベーシックが時の首相によって賛同されたのだから、これはオグデンたちにとっても喜ばしいbig newsだった。ただ実際には政府が支持するならと、それまで援助してきたアメリカの基金が打ち切りになるなど、マイナスの面も大きかったのだが。

　ともかくその直後から彼の名前はラジオ、新聞などで各地に広く伝わった。ベーシックを作ったオグデンとはどんな人物かと急に関心が高まり、彼の元に報道陣が殺到した。*Picture Post*紙のインタビュー（1943年10月23日）でオグデンは異様な仮面を付けて現れて皆を驚かせた。しかも一旦部屋を出てから、ドアとは思われない本棚のすき間からまた別の仮面をかぶって入ってくるというパフォーマンスまでしてのけた。その写真が大きく紙面を飾ったが、きわめて不気味な印象だ。

　世界の注目を浴びる唯一絶好の機会に何故こんなことをしたか理解しがたい。仮面は目立たせるためより、自分を消去するという彼の考えから、ベーシックそれ自身から注目が自分に来るのを避けるためだったようだ。彼のさまざまなコレクションの中には驚くほど奇怪な仮面がたくさんあったとか。仮面は人と話をする時自分がか

ぶったり、時に相手にもつけさせたりしたと言われている。その方が「人という立場でなくアイディアとしてしゃべれるし、相手にかぶらせるのも相手を消して話している内容、考えだけに耳を傾けられるから」とオグデン自身理由を説明している。彼にとって個性はことばの意図している伝達を妨げることにもなり、仮面はその表面的な個性を隠しておけるからと言うが、一般の人には理解しがたい。

このような奇行、神秘性なども世間に認められない要因の一つだったろう。オグデンは秘密主義で自分を隠すのに論文などにも筆名を使った。いくつかのうち一番好んで用いたのはAdeline Moreという女性名で、40回以上使われていた。これはadd a line more（もう1行付け加える）をもじったものだ。アデラインという町も近くにあったとか。ともかく彼は興にのってアデラインという架空の女性を秘書として紹介し、さらに結婚の通知を出し、白いドレスの結婚式の写真まで雑誌に載せた。

彼のまわりには著名人も含め非常に多くの友人がいたが、秘密主義のためか出来るだけ別々に会っていたそうだ。人づき合いはよかったが、好き嫌いが激しく、自分の意向に反する考え、特にベーシックに対する誤解からの批判にはきわめて頑固だった。手紙にもそれらに手厳しく対応しているのがいくつも見られた。小冊子でのベーシック批判に対して彼は分厚い本を出して、その批判を一つ一つ細かく反撃した。たしかに誤解も多かった

が、些細な誤りも許さなかった。行き過ぎの感はあるが、ベーシックをよりよく理解してもらいたい一心だったのだろう。あれほど同じ意見で共著も出し、ベーシック考案にもかかわったリチャーズとも、後になってベーシックについての意見の違いから仲たがいをし、しんらつな手紙を書いている。

オグデンは当時まだほとんど問題にされなかった婦人参政権、産児制限などを支持する記事を書き、女子学生や女性教員の地位の不平等な扱いを公にした。雑誌への寄稿も男女同等に扱い、討論の会などにも大学側の意向に反して女子学生も一緒に参加できるようにした。いわゆるフェミニズムを掲げたが、彼自身は生涯独身だった。

余計な話だが、彼が深く研究し、影響を受けたベンサムは、功利主義理論の実践的含意からか、同性愛はまだ絞首刑という時代に、その擁護論を書いて法改正を提案している。弟子たちは攻撃を恐れて長いこと公表しなかったが、150年もたってオグデンはそれらの文書を探し出して編集し発表した。

英国でも20世紀半ばまで犯罪とされていたこの問題を公にすること自体ずいぶん勇気のいることだったろう。オグデン自身については分からないが、親しく付き合っていたヴィットゲンシュタインなど、彼の周辺にはそのような雰囲気が濃厚にあったと指摘する声もある。

確かに彼は変わり者であり、かなりかたくなな性格

で、厳しい印象を受けたかもしれない。でも彼は音楽も詩も愛好し、友人たちは口を揃えて次のように言っている。どんなに忙しくても、彼ほど他の人に対して何か役に立つことをしようと真剣になる人は見当たらないと。経済的に困っている友には雑誌でも記事を書くスペースを空けたり、幅広い付き合いのお偉方にはよい仕事を見つけるように頼んだりと。彼自身の絶え間ない活動の中でも、それに乱されることのないこのような思いやり深い友情にこれも彼の能力の一つなのだと友人たちは感心している。

第8章
ベーシック・イングリッシュ誕生へ、その背景

　さてこれほど画期的な英語の小体系ベーシックは、もうお分かりのように、ある日突然何もないところから生まれたわけではない。完成の20年も前からオグデンはことばの問題に関心を持って研究を続け、テスト、テストと試行錯誤の苦労の末に生み出したのだった。さらにその背後には大昔からの普遍言語への夢も、また言語を改良しようという思想家たちの試みもあった。オグデンはそれらも詳しく研究してベーシック考案の参考にした。

1　普遍言語への夢

　先ず聖書の創世記「バベルの塔」の話を思い出して欲しい。ノアの洪水の後、人々は同じことばを話していた。技術も進んできてバビロニアの人々は天まで届くような塔を建てようとした。これは神への挑戦でもあり、神はその不遜の罰として人々のことばをバラバラにして混乱させた。それ以来地球上ではさまざまなことばが生じ、今では6,000以上と言われている。

　以来、普遍言語の夢とはほとんどがこのバベルの塔以前に神がアダムに与えた唯一のそして真の言語の探求で

第8章 ベーシック・イングリッシュ誕生へ、その背景

ある。オグデンはdebabelization（バベルをやめること）ということばを作り、その題で本も書いている[22]。この中で異なることばによる混乱を避けるために普遍言語を考え、それは英語、特に簡素化したベーシックに見られると主張している。彼は平和主義者であり、これによって戦争のチャンスも減り、また学習の負担も軽くなると考えた。つまりベーシックにはバベルの塔を壊して世界中の人が同じことばを話すという夢が込められている。

　この理想主義とも言える言語の普遍性はギリシャ、ローマ時代はギリシャ語、ラテン語が大きな力を持っていた。近代に入ってナショナリズムが起こり、庶民の台頭などでフランス語、英語、スペイン語などが盛んになってくると、ラテン語などの勢力は衰えてきた。それと共に古典時代からの普遍言語への夢が強まってきた。

　エスペラント、ベーシックなどの試みは計画言語とも呼ばれ、1970年代までに900を超えたと言われている。それらが顕著になったのは17世紀で、上に述べたような情勢で、またヨーロッパでは科学や文学、美術の花も開き始めた頃だった。科学分野の発表にも適切なことばの必要性が論じられた。さらに新しい宗教伝道や、とりわけ英国では海外拡張のためにも共通言語が求められた。

　人工言語の開祖とされているデカルトは、覚えるのにも容易な世界語を夢見て、規則的で理想的ともいえる普遍言語を考えていた。実際に作ったわけではないが、それは各国語の綴りではなく、意味に対応する共通の記号

を使って読み書きするものだった。当時の人工語には国際的伝達の手段としてより、むしろ思考や科学の共通言語として語と概念がきっちり結びつく哲学的言語を目指したものが多かった。科学そのものをモデルにしたような合理的であいまい性のない言語が求められた。

　17世紀半ばごろにはいくつかのユートピア小説にも空想旅行の中で理想言語が見られる。月や太陽、また余り知られてない地へ行き、そこでの言語を語っている、例えば音楽のようにメロディーがついているなど。20世紀半ばに出たオーウェルの『1984年』(1949) は反ユートピア小説で、言語の操作によって個人の思想が全てコントロールされ、道具であることばに人が支配されている。ファシズム的支配体制でことばがいかに悪用されるかが示されている。

　17世紀半ば、当時の代表的人工言語としてウィルキンズの作った言語がある。これはあらゆる概念や事物を動物、植物、動作など40の基本的類に分けて記号一つずつで表し、それぞれの類をさらにいくつかの階層で細分化して、もとの記号に飾りの印を付け加えて表した。ことば（記号）と意味を1対1にして、自然言語に見られる混乱を防ぐようにした。彼の試みは、人間の基本的概念の種類はそう多くはないことを示している。ごく単純な基本的な名前がいくつかあるだけという考えはデカルトの理想言語にもさかのぼるし、オグデンにも大きく影響した。

第8章 ベーシック・イングリッシュ誕生へ、その背景

　ライプニッツもあらゆる概念を分析して、数少ない単純な概念に分解することで体系的な意味の原子化を試みた。彼は言語体系として完成はしていないが、思考の要素である概念が、有限の記号で表せるなら、それを操作することで新しい知識が生じる可能性を示した。彼の考えはベーシックを予想したようなものだとの指摘もある。ごく限られた語で何でも言える、つまり単純な語で複雑な考えを生みだすというベーシックの組織とこれら17世紀の先駆者の考えの共通性が見てとれる。

　普遍言語の探求は速記、暗号などの試みの影響も受けた。16世紀終わり頃に現れた速記は18のアルファベットに線や鍵、丸などの印をつけて多数の語の意味を表した。一つの文字で語全体を、さらにまとまった概念を表す方向へと進んでいった。この速記はベーシックにとっても参考になった。オグデンはこれら先人の実験的試みを大変関心を持って研究し、それらに関連するおびただしい量の蔵書を持っていた。その多くはロンドンの大学に保管されているが、そこの目録にはこれらの貴重書が100冊ほど含まれている。今まであげたような試みをいかに詳しく研究していたかが分かる。

　さて、概念を理論的に何らかの記号で直接表そうという方法は、結局は実験的試みで終わった。科学の世界とは違って、現実のコミュニケーションの手段としては純粋に理論的な表記は難しい。余りに整然としすぎ、記憶にも負担が大きく一般向きではなかった。しかし彼らの

普遍言語への夢、そしてその根底にある「世界および人間の精神の働きはすべて有限の記号操作で表せる」という信念は、20世紀始めにベーシックへと引き継がれた。さらに現代に入って普遍言語の機械であるコンピューターに託されるようになった。コンピューター言語としてどんな情報も記号化するという技術に引き継がれたのだ。

そこで次に19世紀後半から20世紀にかけて、より実用性を求めて再び国際共通語への関心が高まった。今までと違って、全く新しい言語を作りだすのではなく、一つ、または複数の自然言語から取り出した要素を基盤にした。エスペラントのような人工語、またベーシックのような自然言語を簡易化したものと2種類がある。特にこれらはベーシック誕生の少し前、20世紀初めの四半世紀に集中して出現している。実用的な国際語が切望された時代だった。

人工語として最もよく知られ、今日まで広範囲に使用されているのはエスペラントである。これはポーランドの医師ザメンホフによるもので、先ず1887年にロシア語で発表され、西欧でも根をおろした。彼の故郷ポーランドはドイツ、ロシアの列強に分割され、国家を失うという悲劇に見舞われていた。このような状況で、共通語への夢は彼を一層かりたてたことだろう。

文法は理論的に、品詞、数、法など全て屈折語尾で表した。この接辞を最大限利用して語彙を単純化し、少数の語から派生語や合成語が作れるようになっている。規

則性はきわめて徹底しているので、学習に容易で、現在も世界中に会員数は100万人ほどと言われている。

このエスペラントの考えを利用して、またはその批判から修正したような人工語が以後25もできたが、いずれも広がらなかった。たしかに人工語は規則的で学習面では容易だが、生活感覚が薄いなどの不満もある。そこで自然言語を学習に容易になるように簡素化して国際語にするという考えが出てきた。ラテン語の複雑な語尾を除いた「語尾なしラテン語」(1903) も現れた。

当時英語はすでに5億人以上の人々に、しかも地域的にも広く使われ、また語彙もゲルマン、ラテンと両系統あってなじみの人々も多く、共通語としては理想的だとオグデンは考えた。何よりこれまでにも指摘してきたように、英語自体が語尾活用などの消失で、他の印欧系の言語に比べてかなり簡単な分析的言語になっていることは大きな利点である。

もちろん英語にも発音と綴りのずれ、動詞の難解さなど学習の難しさはある。しかし語彙、特に動詞をごく少数にしぼって学習しやすい体系にすれば難しさも減り、国際語としても、また外国人のための英語学習の第一歩ともなるとオグデンは考えた。第一次大戦後平和を求めた理想主義の風潮の中で、この自然言語によるベーシックを歓迎した人は多くいたはずである。

2　言語改良の試み

　オグデンはベーシックをただ国際補助語として、「バベルの崩壊」だけを目指したものではなく、それに言語改革という意味も含めていた。考えがことばに影響され、自然言語のあいまい性が思考をくもらせることに対してことばを改良したいという願いは、17世紀の普遍言語の試みにも込められていた。

　ことばによる混乱、不適切な使用による危険は延々と続き、特に第一次大戦中の報道でのプロパガンダに対する恐怖は大きかった。オグデンは元来平和主義者であり、ベーシックにも「政府のいうことに惑わされるな」という反政府的要素が込められているととられ、それが逆に反発を招いた面もあったようだ。彼は「ことばの魔術」と称してこの問題に深く関心を寄せていた。健全なことばの使用のために、分析的に事物をとらえて表現するベーシックはその治療法の一つになると考えた。

　アメリカでもオグデンとほぼ同時代に、数学者コージブスキーがことばに潜む危険を指摘して、意味の性質と正しい伝達について考えた。この流れはハヤカワに引き継がれ、一般意味論として実践運動が行われた。これは言語についての理論というより、ひとりひとりが健全な意味論的反応を身に付けるという実践法となった。「地図は現地ではない」という一般意味論のスローガンは、ことばは指し示している物それ自体ではないことを示し

第8章　ベーシック・イングリッシュ誕生へ、その背景　　211

ている。ことばで描写しても現実は言い切れない、その他もろもろのことが残っているとの主張である。

　また主旨は異なるが、1950年代 Plain English（平易な英語）という実践運動が先ずイギリスで始まった。これは意味のあまりない大げさなことばを非難し、政治、法律、商品、特に薬品の説明書など誰にでも分かるはっきりした易しい英語で書こうという運動だった。特に英語の苦手な移民たちのためにアメリカでも呼応して拡がり、関連の本も何冊か出た。1978年カーターは「連邦職員はあらゆる規約が誰にでも理解できるような Plain English で書かれるように」と大統領命令に署名した。ちなみに使われる単語はアメリカの9年生（中学3年）が分かる程度とされている。

　さてことばの改良にかかわる20世紀の運動を2件紹介したが、それらの背景にはどんな歴史があったのだろう。このような言語の問題は長いこと哲学の扱う問題で、論理学者はことばのあるべき姿を問題にしてきた。ことばに対する問題を真剣に論じた人々、ベーコン、ホッブズ、ウィルキンズ、ロック、ライプニッツ……、ベンサムという系譜をオグデンは指摘している。16世紀から18世紀に新しい態度の発展が見られ、彼らが言語の問題を進展させた意義は大きいとオグデンは認めている。ただ彼らは言語の欠陥に気づき、言語習慣を改良する必要は説いても、実際にどう改良するか具体的な試みは余り見られていない。これら思想家の考えの流れを

まとめて、一貫した理論の上に実際に問題を解決したのがオグデンで、その実際的な解決法がベーシックだった。

先にあげた人々の中から関連の大きい2、3人を取りあげてみよう。ベーコン（1561-1626）は学問の不調は、人々がことばを学んで中身を学ばないことと指摘している。ことばの使い方による危険を強調して、ことばが余りにも容易に意味からそれて使われることが、人類にとっての妨害だと主張した。これは実質的に言語改革の歴史の始まりと言える。正しい知識獲得の妨げになることばによる誤りを2種類あげている、実際に存在しないものの名前と、実在はするが混乱していてきちんと定義されないままの物の名前と。前者はまさにフィクションで、彼は初めてことばによる幻想の誤りを指摘した。

ホッブズ（1588-1679）、ロック（1632-1704）もベーコンから哲学的刺激を受け、言語が自然に持っている欠点と、人がそれを乱用すること、つまりことばの使い方の誤りについて指摘している。特に指し示すもののないフィクションについて、はっきり状況を理解して使うよう注意を促している。ロックは複雑な観念は直接の知覚に基づいた単純な観念の上に成り立っていると考えた。これは「代用」という考えに基づき、ベーシックの基本的考えと相通じる。

ベンサム（1748-1832）はすでに何度か名前をあげてきたが、「最大多数の最大幸福」を唱える功利主義者で法律家、哲学者として知られている。しかし言語にも深

第8章　ベーシック・イングリッシュ誕生へ、その背景　213

い関心を持って研究を続けた。彼はそれまでの考えの流れを発展させ、オグデン、ベーシックに最も大きな影響を与えたので少し詳しく紹介しよう。それまでの先駆者らも言語の欠陥を探し出し、時にそれを矯正、緩和する方法を提唱してきたが、ベンサムは彼らと違い、ことばは安全に扱われ、改良されうる道具と見た。

　ベンサムは言語の性質をいろいろ考えた、フィクション、抽象的な語をどう定義するか、言語はどう改良されうるかなど。国際語についても考え、internationalということば自体ベンサムの造語である。彼はことばについての新しい科学を創設した。これこそオグデンがorthology（ことばの規範的科学、正しい使い方）と名付けたもので、その基盤は彼のフィクション（虚構の）理論[23]で、それがベーシック考案を促進した。

　ベンサムは幼い頃にまわりの大人たちから聞かされた「おばけ」の話にひどくおびえて苦しんだ。「おばけ」ということばがあれば当然実物があると思い込んだのだ。また後に法律用語の虚構性への嫌悪感も影響してフィクションについて真剣に考えるようになった、と自ら語っている。ことばを操作することでのみ生じる仮想のものを、私たちはつい実体があるかのように思い、そこから思想が混乱する。もちろんフィクションのことばは不可欠だが、事実との関係をはっきりさせることが必要と説く。

　その解決にベンサムは、「原型化」と「言い換え」と2つの操作方法を提示した。前者ではフィクションは何

か具体物と関連があって、そのつながりで理解されると言う。例えばheat（熱）ならflame（炎）と、またThe earth is in motion.では、motionという容器に地球という球が入っていると考える。in love, in trouble, at workなども同じように考えられる。これは人間の具体的経験に焦点を置くメタファーである。もう一つは言い換えで、*liberty*をcondition of being freeなどと、より事実に近い具体的ことばに分解する。

特に動詞はフィクションの中でも最たるもので、まるで速記のように複雑な概念が詰まっていてとらえにくい。そこで動詞の内容をくだいていくつかの事実に近い要素にして表せばよいとする。このベンサムの考えからオグデンは２年かけて基本的動詞を16語にまで切り詰めた。ついで他の品詞も同じように縮小してベーシックが完成したのだ。ベンサムの動詞削除の考えはベーシックの簡素化第一歩だが、彼の理論はベーシック考案すべての段階で貴重な助けになった。まさにベンサムこそtrue father of Basic Englishであるとオグデン自身言っている。

3 『意味の意味』からベーシック・イングリッシュへ

意味論の源流の一つであるこの書は、オグデンとリチャーズが５年ほどかけて書き上げ1923年に出版した。ここで論じたことばについての考え方が発展してベー

シック成立につながっている。

この書は2つの目標を持っている。①言語によって引き起こされる問題点を論じて、思考をくもらせることばの力を意識させる。②象徴学という科学を確立して意味の基盤を提供する。そして最初の目標の実践的な広がりとして、③ことばのもつれを認識、分析してそこからの出口、解決法を提供する。オグデンはこの解決法を最初はこの書で、次に実際にベーシックでと展開している。分析の道具として、文脈をよく考え、言いたいことをくだいて表すベーシックこそこの治療法と考えた。

ことばは象徴（symbol）であり、直接に事物（referent）とは結びつかない、話し手の思想（reference）に媒介されているという「意味の三角形」の理論を打ち立てた。ことばは直接それが指す物とは結びついていないと底辺を実線でなく点線にしている（この3者がどう関係しているかが象徴学の問題である）。

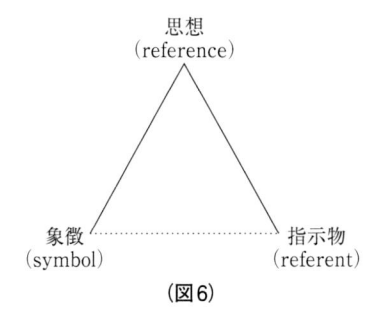

　　　　　　　思想
　　　　　　（reference）

象徴　　　　　　　　　　指示物
（symbol）　　　　　　（referent）

（図6）

ここで使われているシンボル、象徴とは指示的な言語記号、ことばを指す。他方、思考過程をほとんど経ないジェスチャーとか擬声語などの記号は直接に指すものと結びつく。ことばは実際に使われた時の話し手の考え、心的状態、それに外的状況などの脈絡によっても指すものは異なってくる。しかしこの底辺を実線のように思い込む、つまりことばと事物が直接結びつき、ことばには固定した意味があると考えがちだ。そこからことばによる誤解や混乱が生じることが多い。特に対応する実物がないフィクションでは注意が必要である。

　当時、特に第一次大戦で為政者の宣伝に人々は惑わされていた。この書が出て90年もたつ現在でも、ことばによる誤解や混乱は意識されないまま、日常私たちの周りにいくらでも見られる。マスメディアを通して終始耳にし、目にすることばをそれが指している事物そのものと思い込む。特にコマーシャルや政治家のことばなど、本当は何を指しているか分からないまま、中身のないことばに踊らされたりしてないだろうか。この書が1989年の最新版まで、日本語の訳本としても2001年版まで続いていることは、やはりこの内容が現在にも通じているからだろう。

　この中でことばの意味の定義、その方法などがベーシックにつながっている。大切なこととして、一つは今論じた三角形の底辺が点線であること、つまりことばはそれ自身では意味を表さない、その語を使って話し手が

第8章　ベーシック・イングリッシュ誕生へ、その背景　　217

何かを表す時に意味が生じることを自覚して使うべきだということ。

　もう一つはことばの働きには事物を指す指示的用法と、態度や感情を指す喚情的用法があること。後者は「聞き手や指示物に対する態度」やコマーシャルのことばのように「意図された効果の促進」などである。これら2つの機能は混同されがちだ。必ずしもはっきりはしないが、できるだけ区別して使うべきだと主張している。喚情的なことばが誤って指示的と信じられることはよくある。ひんぱんに使われるgoodも good bed, good knife, good babyでは何ら共通した意味を持たない。ただ話し手の気持ちを表しているだけだと例にあげている。ベーシックでは喚情性の強いことばを、*courteous*（礼儀正しい）= kind, polished in behavior, *stingy*（けちな）= tight with (one's) moneyなどのように、指示的ことばに言い換えている。

　ベーシック考案の直接のきっかけは、この書の定義論とかかわる。オグデンとリチャーズは実際にいろいろなことばを定義していた時に突然次のことに気づいた。それはどの語を定義していても、少数の同じことばが繰り返し出てくること。確かに英々辞書なども、定義する語の数はされる語よりずっと少ない。Longmanの学習用辞書は55,000の見出し語を 2,000語だけで定義している。そこで彼らは考えた。このような少数の要素的な語でどんな複雑な内容も表せるとすれば、それら限られた

語だけで英語の体系ができるのではないかと。

　ことばのうちかなりの部分は簡素化できると確信するようになった。この思いつきから実際に一つの言語体系が出来上がるのは、それほど容易なことではなかった。完成までに10年近くかかっている。語数を極度に減らせば、それを使うのは難しく、鋭い知性や理解力が必要になる。それに現に使われている英語とへだたり過ぎて不自然になる。これらの難点の解決法の一つは、ベンサムの「動詞は解体出来る」という説に示唆を受けた動詞の性質の研究によるものだ。

　解決へのもう一つは、同じことを違うことばで言い換えるというオグデンのたぐいまれな才能の賜物だったとリチャーズは述べている。オグデンはこの才を慎重に発展させ、他の語に換えると生じる意味の微妙な違いを組織的に周到に注意しながら調査を進めていった。オグデンのこの特別な才能、ひらめき、天才的学識、それに英語自身の分析性という特性、ベンサムのフィクション理論、それまでの先人たちの考えや試みなどすべて結びついたものこそ真のベーシックの起源と言えるだろう。

　語は少ないほど学習には楽だが、普通英語の用法から隔たってしまう。それに少ない語をあいまいにならないように使うのは非常に難しい。その間のどこでバランスをとるかが問題で、語表はアコーディオンのように伸びたり縮んだりしたと言われている。簡素さ、規則性、経済性、明快さ、学習しやすさ、使用範囲の広さ、自然さ

第8章　ベーシック・イングリッシュ誕生へ、その背景　219

などいくつもの対抗する主張を、すべてできるだけ満足、調和させなくてはならない。これにはうんざりするほど長い綿密な実験調査、比較などの作業が必要だった。

　ついに3つの原則が生まれた。①あらゆる目的に適うこと、②現代の英語用法と一致すること、普通英語に進んでも unlearn（意識的に忘れる）しないですむように、③語数は特に動詞の制限により出来るだけ少なく、構文も単純、分かりやすく規則的にすること。そして一応出来あがった言語組織でさらにテストとして小説、新聞、手紙、論文などさまざまな分野の英語を実際に訳してみて確かめていった。

　1929年『サイキ』1月号に "Universal Language"（世界共通語）という名前で語表と共にベーシックの理論、仕組みが発表された。ただこれは試案で、専門家の意見、協力を求めている。翌1930年 Basic English という名前で同誌の1月号に正式に発表された。語表は試案のものからいくらか修正されている。同年その解説をまとめた *Basic English* の出版と共に一般にも知られるようになり、たちまちのうちに高い関心を引き起こした。

　1927年にオグデンは Orthological Institute を設立した。これは始め一般的な言語研究の組織だったが、ベーシック完成以降はベーシックの研究および普及機関となり、研究書発刊、教材作成、教師養成、海外との連絡などの拠点となった。アメリカの財団から資金援助を受け

て、ここを中心に数多くの関連書や教材が次々に発行された。10年ほどで世界約30か国に普及組織がおかれて、各地で活発な活動が見られた。日本でも英文学者の岡倉由三郎、市河三喜、土居光知などを中心に熱心な普及活動が行われ、当時の『英語青年』にしばしば関連記事が見られる。

　このベーシックの活動は国際補助語というより、実際には外国人の英語学習の第一歩という目標に向かったものだった。日本の他、特にインド、オーストラリア、中国、ロシアなどで急速に発展した。ロックフェラー財団は極東での普及を大々的に支援した。中国ではリチャーズが熱心に活動して全国の中学でベーシックを教えることが決まったが、日本軍の侵略で急きょ取りやめとなったのは残念だった。ヨーロッパではデンマークが初めて公の教育組織にベーシックを取り入れた。1930年代のベーシック普及には目を見張るものがあった。アメリカでは30年末リチャーズも中国からハーバード大学に招かれ、移民の子供や大人をはじめ、外国人を対象にベーシックによる英語教育が熱心に行われた。

　1933年、H.G.ウエルズは未来小説の中でベーシックを取り上げ、この新しい科学は資金も余り得られず、不運の何十年か見くびられてきたが、21世紀初期に再興し2020年までには世界中誰でもベーシックを理解し、使えるようになっていると語っている。この予言は残念ながら当っていない。しかし2020年という90年も先を

指定したことは、このような画期的なアイディアが本当に理解され、実行されるのには長い年月がかかることを示している。

第9章
21世紀における
ベーシック・イングリッシュ

1　第二次大戦後今日まで

　発表後10年、あれほど発展したベーシックも、大戦を機に衰退していった。それにはいろいろな要因がある。前にも触れたように大戦中チャーチルの演説で、ベーシック支持が表明され、突然ベーシックに関心が集まった。本来ならすばらしい宣伝になるはずだったが、国が支援するならとそれまで援助してきたアメリカの財団が手を引いたのは痛い打撃だった。それに政治家がことばの問題を取り上げたことにも、保守的な英国人の中には非難があり、またベーシックに対する言語帝国主義という批判もあった。現実には海外での本の需要は増えたが、皮肉なことに戦時の紙不足で供給できなかった。

　英国政府の財政支援は4年もたってからで、その間の政府との難しい交渉についての詳しい資料はロンドンの公文書館に保存されている。やっとベーシック財団が設立され、国庫から援助を受けることになったが、その対応も満足のいくものではなかった。そして援助も6年ほどで打ち切られ、研究所も1952年には閉鎖に至った。

　戦後、ベーシックは姿を消したと思われているが、実際にはドイツ、オーストラリア、インド、ノルウェー、

第9章 21世紀におけるベーシック・イングリッシュ

メキシコ、スペイン、オランダなど海外では息を吹き返し、細々ながら活動は続いた。資料、特に教師用テキストの要望は大きかった。それら各地でベーシックの仲間たちは公の援助もなく、学問的にも認められないままこの啓蒙活動を続けてきた。1965年には延び延びになっていたベーシックの科学辞書がやっと出版された。1966年の英国王立学術協会ではベーシックを取り上げ、2つの講演があり、その後で熱心な討論も行われた。

アメリカではリチャーズがベーシックを外国人の英語教育に応用することを真剣に考えていろいろ調査、研究を続けた。彼はハーバード大学でベーシックを言語材料に教授法を開発、それが5章2で紹介したGDMである。戦時中は海軍の中国人水兵をはじめ、連合国の軍需産業の場で外国人にベーシックを教えて大成功をおさめた。戦後も基地や工場などで働く外国人にベーシックをGDMで教え、いずれも成果をおさめている。

日本でも、大戦後ベーシック運動は途絶えることなく続いてきた。限られた人数ではあるが、今日も熱心に活動している。これはひとえに室勝（早稲田大学）の献身的活動によるものだった。彼は長年にわたってベーシックを研究、何冊もの関連書を出し、実際にベーシックを教えてきた。私がベーシックに出合ったのも彼の勉強会だった。日本ベーシック・イングリッシュ協会は、現在GDM教授法研究会と合体したが、定期的に研究会、講習会、workshopなどの活動を続けている。

なおダニエルズが長年苦労して完成した『英文を書くための辞書』（北星堂）は当初の予定が諸般の事情で大幅に遅れたが、1969年にやっと出版された。出来上がるまでに彼はオグデンと何百通という手紙で細かい点まで相談している。これは日本語からベーシックへの辞書だが、一般の和英とは異なって、日本語の単語だけでなく、よく使いそうな句のベーシック表現がいくつも出ていて、その時と場に応じて、可能な英訳の中から選べるようになっている。現在このような本がほとんど絶版なのは本当に残念である。

　なおカナダの言語学者ゴードンはベーシックの研究に深く関わり、私信によれば『意味の意味』もベーシックに訳したとか。1990年代に*C.K. Ogden & Linguistics*[24]全5巻の他、何冊も関連書を出版した。

　最後にリチャーズのEME（Every Man's English）について紹介しておく。彼はベーシックの明快さは望ましく、特に初期の英語学習に大変有効だと認めて高く評価している。他方、英語の母語話者または既に英語がかなり上達した人たちのことも考えた。上手なベーシックを書くのは結構大変で、一般にはどうしてもぎこちなく、まわりくどくなりがちだ。その意味で100％ベーシックでなくても、90％ でもよいではないかと考え、ゆるやかでも最大限有用で、習得も容易なnear BasicをEMEと名づけて提案した。

　ことばは生きているもので成長し、健全な発達を促し

ている。当然時代と共にことばも変わっていくし、見直しも必要になる。ベーシックのある段階を過ぎたら、動詞削減をゆるめて act, move, walk など名詞とされている 200 語ほどを動詞として使い、その他よく使う動詞、*ask, find, think, want* や *can, must, should* なども追加した。また名詞も *child, evening, life, people, world* など、さらに絵に描けるような物の名前、*chair, cheek, desk* など一般的なものはいずれも使ってよいとしている。これらはすべてベーシックを使う時にあれば便利だと思う語である。また語の意味の幅も広げて使うことも認めている。そして実際にプラトンの *Republic* などをこのゆるやかなベーシックに訳して出版している。

　ただやたらにベーシックをゆるめて勝手に単語を増やすことは危険で、きちんとした原理に基づいたものでなくてはならない。オグデンもベーシックは普通英語への橋渡しと考え、先に進もうとする人たちに、ベーシックを広げる教材を作り補充の語も 500 ほど用意していた。もちろん初めは核となるベーシックをきちんと学んで、その後で語を増やしていくのが望ましい。語の広げ方としてEMEは参考になるだろう。

2　ネット上のベーシック・イングリッシュ普及機関

　2003年アメリカのシステムエンジニアを中心としたチームがネット上でBasic English Institute（研究所）を

設立した。オグデンがベーシックの拠点としていたInstituteは1952年に閉鎖されたが、それから半世紀経って、on lineではあるがベーシック研究所が再び復活したことは喜ばしいことだ。このタイトルに続けてDedicated to the expansions of Ogden's Basic English（オグデンのベーシック発展のために）と記されている。その目的としてlingua franca（世界共通語）として、またコンピューター適応という点からも21世紀にベーシックを広げることを目指している。

　今やインターネットの時代、そこでの情報は大々的に広まり、様々な企画が実行されてきている。絶版になった多くのベーシック関連の本や論文、またベーシックに訳された小説などの読み物も、要約や何ページかの抜粋が見られる。いずれも自由にダウンロードできる。大変貴重な資料もあるので、その様子を覗いてみて欲しい。http://www.basic-english.org / institute.html（現在閲覧不能）

　最初のページの右欄の中でReading Lists, Readingsなどクリックすれば多くの本が出ている。"The Basic Teachers"の欄もある。また中央欄のLearning Basic Menuの中には初歩の学習用教材もある。

　ここでの企画をいくつか紹介しよう。先ずベーシックの語表については、時代の変化に伴う必要性から次のような計画がある。①Special Words Listsの完成を目指して従来の科学、商業などの他に専門分野としてcomputing, religion, social science, mediaなどの必要性を挙

げている。また宗教でも聖書だけでなく、コーランその他の宗教の下位区分も提案している。②21st Century Technical Wordsでは技術的進歩に必要な語、astronaut, fax, nuclear, processなどを加えている。③International Internet Wordsも analog, disk, icon, programなどをリストアップしている。これらのうち50語はベーシックの語としてよく使われている box, card, memory, smooth, spaceなどだが、意味を広げて使用される。④さらに850語そのものへの補充追加の第一段階として、動物、植物、食物150語の草案もあげている。例えば、butterfly, rabbit, tigerやbamboo, corn, oakそれにbanana, carrot, porkなど。オグデン自身も補充の語300としてこれら3種類の語の追加の必要性を指摘している。

いずれのリストもまだ試案で、不要だとか、必要な語などの意見を求めている。以上見てきたように専門分野、special wordsなど21世紀の必要性に適合するようにいろいろと考えている。すべてが適切とは限らないだろうが、やはり「時代に適った」という点では参考になるだろう。またベーシック語彙の広がりという意味では、追加以前に先に紹介したリチャーズのEMEもここでは認めている。大きな企画の一つにベーシックへの翻訳辞書がある。46,000語を目指し、完成に向かって進行中である。なおベーシック学習法として初めての人にはOpen Officeというオフィス総合ワープロソフトが無料でダウンロード出来る（Instituteでの詳細を参考）。こ

うして時と場所を越えて便利な活動が可能になったことは感無量である。

またOgden's Basic English for Educatorsの欄では東南アジアなどでベーシックを教えている教育関係者の論文なども載っている。アジアその他の地域でも外国語として英語を習得するのはやはりかなり難しい、ゆるやかなベーシックを見直し、英語教育に利用すべきだと主張している。

3　最近見られる簡易化英語

外国語としての英語習得はどこの国でも難しい。そこで非ネイティブがもう少し楽に学習できるような簡易化した英語体系がいろいろ考えられてきた。今世紀になっての試みを2つ見てみよう。

1）Globish（Global Englishの**略**）

ここ何年か大きな書店の英語コーナーにこれに関連した本が何種類も並べられている。『グロービッシュ、非ネイティブのビジネス英語術』など。これはフランスのジャン＝ポール・ネリエールが作り出したもので、2004年に体系化された。彼は共著で*Globish The World Over*という本をGlobishで書いて2009年に出版、2011年には日本語版[25]も出た。フランスで始まったが、今ではいくつかの国語でテキストも出ているそうである。

英語が母語話者同士で使われるのは全体のうちごくわ

第9章　21世紀におけるベーシック・イングリッシュ

ずかで、非ネイティブ圏での共通語として使えるように、難しい語や文法は避け、基本的英語を目指す。実践的な伝達の道具として簡易化された英語で、完璧さは求めてなく、ビジネスや旅行で使えればよいとしている。Globishは文化的背景を持たないので、話し手はどこでも平等に尊敬されるべきで、英語母語話者もこれを習うべきだと主張している。

単語は1,500語とその派生語とし、それを必要に応じて広げていく。その基準をVOA（米国の他国向け放送）のSpecial Wordsの語彙におき、ビジネスの必要性などに応じて単語を入れ替えている。語表で動詞を調べてみると、1500語のうち400語ほどで、動詞の制限はなく、語の選択にはベーシックのような理論的考察は見られない。

文法は普通英語と同じだが、文はできるだけ簡単で短く（15語以内）、分詞構文などは使わずに基本的構文で、できれば受動態もさけるようにとしている。また熟語や比喩などもできるだけ使わないこととしている。発音は完璧でなくても、ストレスアクセントの位置をはっきりさせればよいとして、母語なまりの音声も認めている。正しいか間違っているかより、意思伝達のために使える英語を目指しているが、これは理にかなっている。

次の4つの方法で1,500語を5,000位に拡大できると言う。daytimeなどの複合語、renewなど接辞利用、同じ語を違う品詞で使い、put offなどの句動詞も利用する。

これは全てベーシックと同じである。オバマの演説の一部をGlobishに直したのが本に載っているが、原文との違いは語彙くらいで、長い文は2つに分けて短くしてある。入れ替えられた語を少し見てみよう。参考までにベーシックだとどう表すか、かっこ内に記してみた。

　sum of...　→　total of...　（amounts of）

　prosperous　→　successful（doing well, well-off）

　generate　→　create
（be producing, be cause of, give existence to）

　prosper　→　gain wealth
（do well, get on well, make money）

　remind　→　demonstrate　（put...in mind of）

　favor　→　act in the interest of...
（have kind feeling for..., give approval to...）

　語の意味は前後の文脈がないとはっきりとは分からないが、両方を比べるとベーシックが分解的になっているということが分かるだろう。なおこのGlobishについてはThe Japan Globish Instituteという協会もできて、ネット上でも日本人の間で賛否両論、いろいろな意見が盛んに交わされている。ということは関心を持っている人々も多いということだろう。

2) Basic Global English（BGE）[26]

　"global"という語は最近よく使われるが、ここでも名称に使われている。これはドイツのヨアヒム・グルツェ

ガ（Joachim Grzega）博士が近年開発した基礎的英語体系である。たまたま紹介して下さる方がいて、考案者ご本人とメールでのやり取りもしたが、その基本にはベーシックの考えがあるとのこと。世界で使える英語コミュニケーション能力を学習者が速やかに習得できることを目標にしている。基本語彙、20の文法規則、音声、そしてpoliteness strategies（礼儀正しい言い方の方略）を主要目標にあげている。

　この最後の項目は英語教育で特に注目されてはいないが、最近日本語と英語でpolitenessの概念が異なり、これが英語習得の妨げの一つになっているという意見が見られる。日本語では敬語の使用などによるが、英語では相手に親しみを持たせる、相手との距離を近づけることが大事だという説である。実際にことばを使うときには相手をよく理解するように注意し、敬意を持って話すことは外国語では大切である。またいろいろな場面での表現、特に会話が行き詰まった時の解決法なども大事になる。

　語彙については、基本的な語を750選び、それ以外に250語を各人が自分に必要な概念分野から選ぶようになっている。これについて、初心者では難しいのではないかと質問をしたら、次のように答えてきた。学習者は早い時期から辞書を使うことを学ぶ。選ぶ語の分野は、趣味、食べ物、職業、家庭などごく日常的なもののようだ。同じ興味を持つ者同士、相手がある語を知らなけれ

ば、分かりやすくパラフレーズ（易しく言い換え）したり、物を指したり、身振りなどでお互いに教え合えるとのこと。

　この簡易英語では語数は少ないが、国際的に通用している語もかなりあるし、少ない語を拡大する技術を持って学べばけっこうカバーできると説明している。その技術とは、一つの語を異なる品詞で使い、接辞を付け、複合語を作り、またパラフレーズ、言い換えの技術も積極的に使う。これらもすべてベーシックと同じである。

　文法の多少の間違いは伝達上大して問題にならないが、語彙や音声による障害の方が大きいとして、入念な語彙選択と必要な発音をきちんと教えることを重んじている。語は使用頻度の最も高いものを選び、それに実際の会話に必要と思われる語を加え、文法も最もよく使われる基本的なものを選んだとのこと。彼自身教材も補修用テキストも書き、ドイツのある州政府に認められて、そこの小学校でこの英語を子供たちに教えて大変成功しているとか。今は成人のクラスも始めているそうである。

　この提唱者グルツェガは『ユーロ言語学誌』に1）のGlobishと自分のBGEを比べて、前者を批判している。Globishは組織的な考え方がどこにも説明されてない。文法や語の提示、その学習の順序などきちんとした原理に基づいてないなど。もちろんこれは一方的な批評で、逆にGlobishの方から見ればBGEにもいくつか欠陥はあ

るだろう。いずれにしてもこれら二つの簡易化された英語には主張だけみればベーシックと共通する点もあるが、よく見れば、これまで説明してきたベーシックの特質、よさが分かってもらえるだろう。

おわりに

　最後に紹介した今世紀になって開発された二つの簡易英語と比べて、ここでもう一度ベーシックの特徴を見直してみよう。ベーシックは小さいながらに有機的な英語の体系である。①まず850語はそれぞれの働きの大きさを充分に研究し、広く使えて、他の語も説明できるという基準で入念に選ばれている。②しかも、先に有機的と言ったように、全体としてお互いの語の関連性を考えて成り立っている。③また学習の順序が徹底的に考えられた。語の意味も最初はその元となるroot senseをしっかり把握して、そこから比喩などによってスムースに意味が広がるように。また文構造も同じで、有機的に段階付けて習得するようになっている。④特にわずか13ほどの基本動作語および方位詞の扱いは類をみない巧妙さである。これらの結びつきで広い動詞表現が可能になっている。これらの語はほとんどが中学英語で、軽く見られがちである。しかし、本文でも主張したように、これらはまさに英語の核の部分である。もう一度この基本的な語群をしっかり見直して、広く使えるようにしたい。

　そして何より、「どんなむずかしいことでも、その内容を分解してやさしいことばで表現できる」という信念

の上にこれが可能になっている。これは動詞だけに限らない。まさに「概念くだき」である。

　21世紀に現れ、あちらこちらで取り上げられた新しい簡易英語に対し、確かにベーシックは古くさく、あまり多くの人々に知られることもなく、活動もごく地味である。それでも細々ながら研究活動は地道に続いてきている。世の中にはパッと目につくものと、価値はあってもあまり人目にはつかないものがある。地味なものでも、よく理解すれば、そのよさは分かるはずである。

　もちろんベーシックにも弱点、欠点はある。これだけ語が制約されているのだから、どうしても文は長く、回りくどくなる。やさしい語を使いこなすこと自体、それほど容易ではない。それでも長年付き合ってきて、ベーシックにはそれらの欠点を上回る長所、魅力があると確信している。

　今使える英語がなかなか身に付かないという人々に、ぜひベーシックを利用して、little wordsでも言いたいことがきちんと伝えられるようになって欲しい。大げさなbig wordsを使わなくても、はっきりと意思伝達は出来る。850語に厳密にこだわって完全なベーシックで英文を作るのは正直なところかなり大変である。実用的に英語表現のために英語を学びたい人々には、850語に余りこだわらなくても near Basicでもよいと思う。

　ゆるやかなベーシックでも、その特徴を生かしたsimple, clearな英語を心がけたい。少なくとも13の基礎動

作語、そして方位詞の使い方をしっかり身につけて欲しい。難しそうなこともその中身をくだいて易しい英語で言うことに慣れてくれば、何とか言えるという自信がつく。語表を片手に出来るだけ850語を使いながらでもよい。

850語には手を付けなくても、少なくともInternational wordsとして必要な語はもっと自由に使ってもよいと思う。少しでもバリアを下げて多くの人がベーシックに近付いて欲しい。

オグデンらによるベーシック関係の本は、現在ほとんど全て絶版である。ネット上で（226頁参照）多くの資料が見られる。またGDMのホームページ http://www.gdm-japan.netにベーシックへのリンクもある。また「相沢佳子ブログ」で検索すれば、著者のベーシック関係のブログも見られる。

注
1) Ogen,C.K.&I.A.Richards（1923,1953）*The Meaning of Meaning.* London:Routledge & Kegan Paul.
石橋幸太郎訳（2001）『意味の意味』東京:新泉社
2) Richards, I.A.& C.M. Gibson（1974）*Techniques in Language Control.* Mass: Newbery House.
3) 相沢佳子（1970）「幼児のことばの発達」『言語生活』4月号 No223. 66-74 東京：筑摩書房 幼児が新しいことばを覚えて使うのは新しい世界に入ることでもあり、その様子

は見ていてとても感動的である。

4) I.A.Richards & C. Gibson (1945) *English through Pictures*. New York : Pocket Book.
『絵で見る英語』(2006) 東京：IBC出版（内容はほとんど変わりない）.

5) 相沢佳子 (2003)「ベーシック英語の動詞制限について―他の言語と比較して」『研究紀要』11, 1- 7. 日本ベーシック協会

6) Zipf, G.K. (1935,1945) *The Psycho-Biology of Language*. Cambridge: MIT Press.

7) 相沢佳子 (1999)『英語基本動詞の豊かな世界』東京：開拓社

8) Howatt, A.P.R. (1984) *A history of English Language Teaching*. Oxford: Oxford University Press.

9) Talmy,L. (1985) "Lexicalization Patterns," T. Schopen (ed.) *Language Typology & Syntactic Description*,lll 57-149. New York: Cambridge U.P.

10) Graham, E. (1966) "Basic English―the System and its History," *Journal of the Royal Society of Arts*. August 1966, 779―87.

11) Evans, I (1946, 1966) *The Use of English*. London; Macgibbon & Kee.

12) Richards,I.A.(1935)*Basic in Teaching : East and West*.87. London: Kegan Paul.

13) Thornbury, S. (2004) "Big words, small grammar,"

ENGLISH TEACHING professional. 2004 March 10-11. www.etprofessional.com,

14) Tennant, A. (2004) "Little words, big grammar," Onestopenglish. Onestopenglishとはネット上で英語教師用に最大の資料を提供しているサイトである。ネットで検索すればこの資料も見られる。

15) Thornbury, S.(2004) *Natural Grammar*. London: Oxford University Press.

16) これは1990年代にM. ルイスが提唱した考えである。外国語としての英語教育の一方法で、言語はいくつかの語のまとまりから成るという考えに基づく。文法は言語習得の基礎ではなく、言語学習の主要な部分は語句を一まとまりのチャンクとして理解し、また生産することとしている。

17) リチャーズが1931年にベーシックについて記した最初の文書が半世紀以上たって見つかった。その中でベーシックが習慣を洞察に変えようとする試みであることを明記している。この文書は彼がたまたま日本に滞在中に書いたもので、その最後に日本での未来の英語教育のためのこの仕事の重要性は言うまでもないと結んでいる。ベーシック研究紀要No. 9 (2000) に再録されている。

18) 巻下吉夫 (1984)『日本語から見た英語表現』東京：研究社

19) Richards, I.A. (1939) "Basic English and its Applications," *Journal of the Royal Society of Arts*, June 1939, 738.

20) Ogden, C.K. (1930,1944) *Basic English: A General Introduction with Rules and Grammar.* 80. London : Kegan Paul.
21) Ogden,C.K. (1932) *Opposition:A linguistic and Psychological Analysis.* London: Kegan Paul.
この中で対立の性質の分析は語彙節約、学習の便利さのためだけでなく、どの語の意味確定にも新しい取り組み方を提供すると言い、対立のいろいろな型を紹介している。
22) Ogden, C.K. (1931) *Debabelization : With a Survey of Contemporary Opinion on the Problem of a Universal Language.* London: Kegan Paul.
23) Ogden, C.K. (1932) *Bentham's Theory of Fiction.* London : Kegan Paul,
ベンサムの原稿の中から彼の考えをまとめたが、本文とほぼ同量の序文をつけている。1世紀以上埋もれていたベンサムの考えがオクデンによって日の目を見たわけである。
24) Gordon, T (ed) (1994) *C.K. Ogden and Linguistics.* (5 vol.) London: Routledge / Thoemmes Press.
25) Jean-Paul Nerriere & David Hon (2009) *Globish the World Over.* International Globish Insitute.
日本版『世界のグロービッシュ』(2011) グローバル人材開発　東洋経済新報社
26) これについてはネット上でBasic Global Englishまたは開発者のJoachim Grzegaで検索すれば紹介されている。

著者プロフィール

相沢 佳子 (あいざわ よしこ)

1933年東京生まれ。
津田塾大学英文学科卒業。
ミシガン大学留学。
レディング大学修士課程(英語教育専攻)終了。
元東京造形大学教授。
著書
『ベーシック・イングリッシュ再考』(リーベル出版 1995)
『英語基本動詞の豊かな世界』(開拓社 1999)
『850語に魅せられた天才C.K.オグデン』(北星堂書店 2007)
ベーシック・イングリッシュ関連の論文多数。

英語を850語で使えるようにしよう
～ベーシック・イングリッシュを活用して～

2013年10月15日　初版第1刷発行
2025年3月20日　初版第6刷発行

著　者　相沢 佳子
発行者　瓜谷 綱延
発行所　株式会社文芸社
　　　　〒160-0022　東京都新宿区新宿1-10-1
　　　　　　　電話　03-5369-3060(代表)
　　　　　　　　　　03-5369-2299(販売)

印　刷　株式会社文芸社
製本所　株式会社MOTOMURA

©Yoshiko Aizawa 2013 Printed in Japan
乱丁本・落丁本はお手数ですが小社販売部宛にお送りください。
送料小社負担にてお取り替えいたします。
本書の一部、あるいは全部を無断で複写・複製・転載・放映、データ配信することは、法律で認められた場合を除き、著作権の侵害となります。
ISBN978-4-286-14142-8